शरीर से शिव तक

भीतर की यात्रा और आत्मिक रहस्य

राजेश डूकिया

शरीर से शिव तक

"भीतर की यात्रा और आत्मिक रहस्य"

Author: Rajesh Dukiya

Author Email: rajesh@artimozo.com

ISBN: 979-88-969-201-1

Paperback MRP: ₹ 275 (Scan to Get Store Details)

Hardcover MRP: ₹ 445

Disclaimer

This book is intended for informational purposes only. The author does not take responsibility for any actions taken based on this information.

समर्पण

यह पुस्तक मेरे आध्यात्मिक मार्गदर्शक श्री नथमल जी को समर्पित है, जिनकी शिक्षाओं ने मुझे सत्य के मार्ग पर चलने की प्रेरणा दी। उनके अद्वितीय ज्ञान और आशीर्वाद के बिना यह यात्रा संभव नहीं थी।

मैं अद्वैत वेदांत के मार्गदर्शक गुरु परमहंस स्वामी श्री सच्चिदानंद सरस्वती जी का आभार व्यक्त करता हूँ, जिनके मार्गदर्शन ने मेरी साधना के एक महत्वपूर्ण चरण को प्रेरित किया। उनके दिव्य ज्ञान और आशीर्वाद ने मेरे साधना के पथ को और भी स्पष्ट और सशक्त बनाया।

मेरे माता-पिता को, जिन्होंने मेरे जीवन में मूल्यों और संस्कारों का बीज बोया और हमेशा मेरे प्रयासों में विश्वास जताया। उनका अटूट प्रेम और आशीर्वाद मेरी सबसे बड़ी शक्ति रहे हैं।

मेरी पत्नी इंदु, जिन्होंने हर परिस्थिति में मेरे साथ खड़ी रहीं। उनके धैर्य, प्रोत्साहन, और निःस्वार्थ समर्थन ने मेरी साधना और इस पुस्तक को आकार देने में महत्वपूर्ण भूमिका निभाई।

आप सभी का योगदान मेरी आध्यात्मिक यात्रा की नींव है। यह पुस्तक आप सभी के प्रति मेरे आभार और श्रद्धा का प्रतीक है।

सादर,
राजेश डूकिया

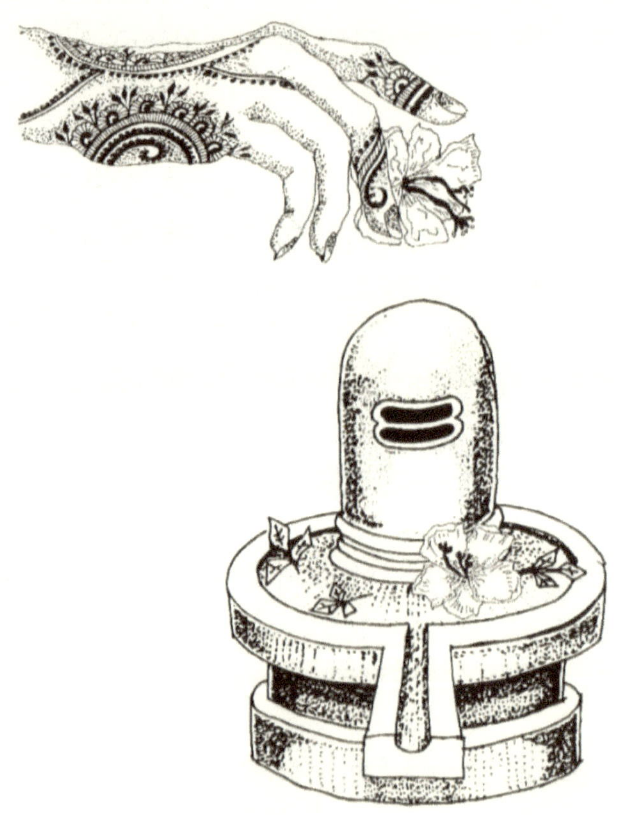

'सर्व भूतों में जीव रूपी शिव को चेतना रूपी पुष्पार्पण'

TABLE OF CONTENTS

BLESSING

May the divine grace of the Supreme and the eternal wisdom of my revered Guru guide you as you walk the path of self-realization. This journey, though unique to each sadhak, is one of deep transformation and awakening. As you delve into these teachings, may the truth of Oneness reveal itself to you with clarity and peace.

May your sadhana bring profound understanding, inner strength, and a deep connection to the Source within. Let your heart be open to the divine, and may your practice lead you toward the ultimate realization of the Self.

With my blessings
Swami Sacchidanand Saraswati

आशीर्वचन

योग और अध्यात्म के क्षेत्र में स्वाध्याय और साधना करने वाले शिष्य को देखना गुरु के लिए अत्यंत आनंद का विषय है। यह पुस्तक प्राचीन योगिक विज्ञान और आध्यात्मिक ज्ञान का सरल और व्यावहारिक रूप प्रस्तुत करती है।

आज, जब मनुष्य बाहरी उपलब्धियों में उलझा हुआ है, यह पुस्तक आंतरिक शांति के खोजियों के लिए दीपक के समान है। इसमें योग, अद्वैत वेदांत, और श्रीमद्भगवद्गीता के गूढ़ सिद्धांतों आधारित आत्म अनुसंधान को सरल भाषा में प्रस्तुत किया गया है।

मेरी शुभकामना है कि यह पुस्तक साधकों के जीवन में प्रकाश फैलाए और उन्हें सत्य-चित्-आनंद की ओर अग्रसर करे। यह ज्ञान शिष्य के प्रयास और दिव्य कृपा का प्रतिबिंब है। ईश्वर और गुरुओं की कृपा आप सभी पर बनी रहे।

सप्रेम,
नथमल

भूमिका

ऋषियों और गुरुओं की कृपा से, इस पुस्तक के माध्यम से मैं योगिक शास्त्र के गूढ़ और जटिल ज्ञान को सरल और आधुनिक संदर्भ में प्रस्तुत करने का प्रयास कर रहा हूँ। लगभग डेढ़ दशक की साधना और अनुभव के बाद, मैंने यह समझा है कि सही विधि को अपनाकर चेतना की उच्च अवस्था तक पहुँचना तेज़ और सरल हो सकता है। यह पुस्तक उसी ज्ञान को संकलित करने का मेरा विनम्र प्रयास है, ताकि साधक अपने आध्यात्मिक मार्ग पर तेजी से और सही दिशा में प्रगति कर सकें।

मैं स्वयं को केवल एक साधक और सूचना संग्रहकर्ता मानता हूँ, जो इस अमूल्य ज्ञान को जीवन में उतारने और दूसरों तक पहुँचाने का प्रयास कर रहा है। इस पुस्तक का सम्पूर्ण श्रेय उन महान ऋषियों और तपस्वियों को जाता है जिन्होंने वर्षों तक ध्यान और साधना के माध्यम से इन रहस्यों को प्रकट किया। यह पुस्तक उन ऋषियों के प्रति मेरी श्रद्धांजलि है, जिनकी कृपा से यह ज्ञान आज हम तक पहुँच पाया है।

इस पुस्तक में, मैंने तीन शरीरों और उनके कार्यों, चक्रों के रहस्यों और उनकी प्रभावशीलता पर विस्तार से चर्चा की है। इसके साथ ही, मैंने उन सही साधना विधियों का भी विश्लेषण किया है, जिन्हें मैंने स्वयं अनुभव किया और पाया कि इनका अनुसरण करके साधक अपनी चेतना को उच्च अवस्था तक पहुँचा सकते हैं।

यह पुस्तक प्राचीन शास्त्रों जैसे श्री ललिता सहस्रनाम, अद्वैत वेदांत और श्रीमद्भगवद्गीता के सिद्धांतों पर आधारित होगी, जो गहरे आध्यात्मिक

भूमिका

अनुभव और साधना के माध्यम से प्राप्त ज्ञान को साझा करती है। साथ ही, इसमें आधुनिक ध्यान तकनीकों और मेरे व्यक्तिगत अनुभवों को भी जोड़ा गया है, जो साधकों के लिए प्रेरणा का स्रोत बन सकते हैं।

साधना के मार्ग में आने वाली बाधाओं और चुनौतियों को पहचानने और उनका सामना करने के लिए, इस पुस्तक में उन समस्याओं का समाधान भी दिया गया है ताकि पाठक मानसिक रूप से इस मार्ग पर चलने के लिए तैयार हो सकें।

यह पुस्तक एक साधक के लिए मार्गदर्शन, प्रेरणा और सत्य के पथ पर स्थिरता से चलने का एक साधन बने, यही मेरी कामना है। आपकी प्रतिक्रिया और सुझावों का मैं सादर स्वागत करता हूँ। आशा है कि यह पुस्तक आपको आत्मिक उन्नति की ओर प्रेरित करेगी और आपके जीवन में नई चेतना का संचार करेगी।

आपकी प्रतिक्रिया और सुझावों का मैं सदैव स्वागत करता हूँ। आशा है कि यह पुस्तक आपको आत्मिक उन्नति की ओर प्रेरित करेगी।

सप्रेम,
राजेश डूकिया
(Rajesh Dukiya)

अध्याय 1: हवा मांगने वाले भिखारी की कहानी

इस पुस्तक के पहले अध्याय की शुरुआत मैं एक हवा मांगने वाले भिखारी की कहानी से कर रहा हूँ, जो एक सम्राट बन जाता है ताकि आपका मनोरंजन हो जाये । मैं जानता हूँ, तुम अपने आप को सम्राट समझते हो। तुम्हें लगता है कि यह संसार, इसमें मौजूद हर सुंदर वस्तु, हर व्यक्ति, और हर स्वादिष्ट भोजन केवल तुम्हारे उपभोग के लिए ही बनाए गए हैं।

लेकिन सच्चाई यह है कि तुम्हारा पूरा जीवन दूसरों से स्वीकृति लेने में ही गुजर रहा है। "यह कपड़ा सही है या नहीं? क्या मैं अरबपति बन जाऊँगा तो लोग मुझे स्वीकारेंगे?" तुम इन प्रश्नों के चक्कर में उलझे रहते हो, और इस दौरान सैकड़ों लोग अरबपति बन भी जाते हैं। अरबपति होना गलत नहीं है, लेकिन तुम्हारी समस्या यह है कि तुम यह केवल दूसरों से सम्मान पाने के लिए करना चाहते हो।

तुम्हारे जीवन का उद्देश्य व्हाट्सएप स्टेटस और इंस्टा स्टोरी में समाहित हो गया है। जब तुम किसी पहाड़ी पर घूमकर आते हो, तो वह अनुभव खुद के लिए नहीं बल्कि दूसरों को दिखाने के लिए होता है। इन स्टोरीज और स्टेटस के पीछे का कारण गहरा है—तुम्हारे अंदर एक खालीपन है, एक खोखलापन। तुम्हें भीतर ही भीतर स्वीकार्यता चाहिए। और जैसे ही तुम्हें कुछ लाइक्स मिलते हैं, तुम फूलकर 'गुब्बारा' बन जाते हो। लेकिन यह खुशी क्षणिक है। कुछ ही घंटों में तुम्हारी यह हवा निकल जाती है, और तुम फिर से नई हवा भरने के लिए रास्ते ढूंढने लगते हो।

अध्याय 1: हवा मांगने वाले भिखारी की कहानी

इस पागलपन में तुम एक 'हवा मांगने वाले भिखारी' बन चुके हो। तुम्हारा हर दिन, हर क्षण, केवल इस हवा को भरने में ही जा रहा है। और तुमने इसी को अपनी पहचान और जीवन का लक्ष्य मान लिया है। अब तुम सोचते हो, "चलिए, सम्राट तो नहीं, लेकिन 'सम्राट गुब्बारा' तो हूँ।"

हाँ, मैं तुम्हें 'सम्राट गुब्बारा' ही कहूंगा। लेकिन खुश मत हो। मैं जानता हूँ कि तुम बाहर से स्मार्ट और भव्य दिखने गुब्बारा हो सकते हो है, लेकिन भीतर से तुम खाली हो। तुम्हारे अंदर स्थायित्व नहीं है, केवल एक डर है—हवा निकल जाने का। और यह डर तुम्हें शांति से जीने नहीं देता।

एक दिन जब कोई तुमसे कहता है कि तुम्हारी यह हवा कभी न कभी जरूर निकलेगी, तो तुम्हें उसकी बात समझ नहीं आती। तुम यह नहीं समझ पाते कि तुम बिना हवा का गुब्बारा बनकर भी अपने अस्तित्व का आनंद ले सकते हो।

क्या तुमने कभी सोचा है कि यह 'हवा' आखिर आती कहाँ से है? यह प्रशंसा, यह स्वीकार्यता, और यह तारीफ जो तुम्हें सम्राट जैसा महसूस कराती है—यह सब बाहरी है। यह किसी और के हाथ में है, और जो तुम्हारे पास नहीं है, उस पर तुम्हारा अधिकार कैसा?

जब तुम इस हवा को खोजते हो, तो दरअसल तुम अपने आप को दूसरों के हाथों में सौंप रहे हो। यह एक ऐसा खेल है, जहाँ जीत हमेशा क्षणिक होती है। लेकिन सोचो, अगर यह खेल तुम्हारे नियमों पर खेला जाए? अगर तुम्हें किसी से हवा मांगनी ही न पड़े? अगर तुम अपनी खुशी और स्थिरता को भीतर से महसूस कर सको?

यह आसान नहीं है, क्योंकि यह यात्रा भीतर की ओर है। यह यात्रा तुम्हें तुम्हारे उन हिस्सों से मिलाएगी, जिनसे तुम अब तक बचते आए हो।

तुम्हारा अहंकार, तुम्हारा डर, और तुम्हारा अस्थिर मन—इन सबके साथ तुम्हारा सामना होगा। लेकिन यह जरूरी है।

सुनो, मैं तुम्हारा गुरु नहीं हूँ। लेकिन मैं तुम्हारा मित्र हूँ, हितैषी हूँ। मैं तुम्हें यह नहीं कह रहा कि तुम अपने 'गुब्बारे' होने को पूरी तरह छोड़ दो। मैं कह रहा हूँ कि इस अहंकार रूपी हवा को निकालकर अपने भीतर की स्थिरता को पहचानो। अपनी आंतरिक यात्रा शुरू करो। जब तुम इस हवा को छोड़ दोगे, तो तुम्हें शांति मिलेगी। तुम्हारे भीतर एक ऐसी शक्ति है जो तुमने अब तक कभी महसूस नहीं की।

अगर तुम सच में 'फटना' नहीं चाहते, और बिना हवा भरे भी 'सम्राट' बनना चाहते हो, तो यह पुस्तक तुम्हारे लिए है। इसे पढ़ते ही तुम सम्राट नहीं बनोगे, लेकिन तुम जान जाओगे कि सम्राट बनने की प्रक्रिया क्या है।

आओ, अपने भीतर की शक्ति को पहचानो और उसे जागृत करो। यह यात्रा तुम्हारी असली पहचान की ओर होगी। समय आ गया है कि तुम अपने खोखलेपन को दूर करो और जीवन का आनंद लेने की कला सीखो। इस पुस्तक का हर अध्याय तुम्हारे भीतर के सम्राट को प्रकट करने का मार्ग दिखाएगा।

याद रखो, तुम्हारा संघर्ष केवल बाहरी दुनिया से नहीं, बल्कि अपने भीतर की कमजोरियों, अहंकार, और अस्थिरताओं से है। यह पुस्तक तुम्हें वह दृष्टि देगी, जिससे तुम अपने भीतर के सम्राट को पहचान सको और हवा के सहारे जीने के बजाय स्थिरता के आधार पर अपनी जिंदगी को अर्थपूर्ण बना सको।

इस पुस्तक में आगे बढ़ने से पहले, मैं आपसे एक वादा चाहता हूँ।

वादा करें कि आप इस यात्रा में ईमानदार रहेंगे। आप अपने भीतर झाँकने के लिए तैयार होंगे। यह आसान नहीं होगा। आप डरेंगे। लेकिन याद रखें, हर डर के पीछे एक नई शुरुआत होती है।

इस पुस्तक का उद्देश्य केवल पढ़ाई तक सीमित नहीं है। जीवन केवल बाहरी उपलब्धियों का खेल नहीं है। यह आपकी आंतरिक स्थिरता और शांति का अन्वेषण है।

तो चलिए, इस यात्रा की शुरुआत करते हैं। आपका स्वागत है, सम्राट!

"हो गई है पीर पर्वत-सी पिघलनी चाहिए,
इस हिमालय से कोई गंगा निकलनी चाहिए।"
कवि दुष्यन्त कुमार

अध्याय 2: दिव्य कृपा का अद्वितीय आशीर्वाद

आप पुस्तक के इस अध्याय तक पहुँच गए, तो यह स्वयं में एक संकेत है कि आपके भीतर एक गहरी इच्छा है — खुद को जानने की, अपने अस्तित्व के वास्तविक स्वरूप को समझने की। पिछले अध्याय की गैर-मनोरंजक कहानी के लिए माफ़ी लेकिन आपको आंदोलित करने के लिए जरूरी थी। यह एक विशेष प्रकार की इच्छा है, एक दिव्य पुकार, जो बहुतों को नहीं सुनाई देती, लेकिन आपने इसे महसूस किया है। यह वही अनमोल अवसर है जिसे कुछ ही लोग पहचान पाते हैं। आप उन्हीं में से हैं, जिनका हृदय आत्मा के गहरे रहस्यों को जानने के लिए तत्पर है। आपने अपना कदम इस पवित्र मार्ग पर रखा है, और यही आपका पहला प्रमाण है कि आपके भीतर एक अनंत शक्ति और गहरी शांति की खोज का आगाज हो चुका है।

आपका यह कदम, स्वयं को जानना(साधना) की दिशा में, एक अद्वितीय और शुभ शुरुआत है। हर व्यक्ति जीवन में कहीं न कहीं खोजना चाहता है, लेकिन कुछ ही लोग उस खोज की सच्चाई को महसूस कर पाते हैं। और आप, प्रिय, उन गिने-चुने लोगों में हैं जो आत्म-ज्ञान की ओर बढ़ते हुए अपने साथ सच्ची बातचीत करने का साहस रखते हैं और इसी कदम से आपकी यात्रा का प्रारंभ होता है।

भगवान श्री कृष्ण ने श्रीमद्भ्रगवद्गीता के सातवें अध्याय के तीसरे श्लोक में एक महत्वपूर्ण सत्य उद्घाटित किया है:

**मनुष्याणां सहस्रेषु कश्चित् यतति सिद्धये,
यततामपि सिद्धानां कश्चिन्मां वेत्ति तत्त्वतः।।**

इसका अर्थ है कि हजारों लोगों में से केवल कुछ ही लोग मुझे प्राप्त करने के सच्चे प्रयास करते हैं, और उन हजार - हजारों कुछ में से भी केवल एक ही व्यक्ति मुझे, परम सत्य को सच्चे रूप में समझ पाता है। यह श्लोक एक दिव्य प्रेरणा है कि आत्मज्ञान की प्राप्ति के लिए एक अनूठा और दुर्लभ अवसर है, जिसे केवल कुछ ही पहचान पाते हैं।

अद्वितीय कृपा - अवसर के सिर पर बाल होते हैं, लेकिन पीछे वो गंजा होता है।

आपने जिस समय में इस अध्याय को पढ़ना प्रारंभ किया, यह कोई साधारण घटना नहीं है। यह भगवान की विशेष कृपा है, जो आपके जीवन में आपके आत्मज्ञान के मार्ग को प्रकाशित करने के लिए आई है। इस यात्रा की शुरुआत ही एक आशीर्वाद है, और उस आशीर्वाद को महसूस करते हुए, आपको हर कदम पर भगवान के साथ होने का अहसास होगा। यह वह दुर्लभ अवसर है जो बहुतों को नहीं मिलता, लेकिन जिनको मिलता वह इसे पकड़ नहीं पाते है, जो इसे पकड़ ले वो जीवन का उद्देश्य समझ पाते हैं।

परमपिता का आशीर्वाद - आपको सच्चे मार्ग की ओर लाना

परमेश्वर ने आपको इस जीवन में साधना की राह पर चलने का अवसर दिया है, और यह खुद में एक दिव्य आशीर्वाद है। क्या आप जानते हैं कि कितने लोग इस अवसर को पहचानने के बावजूद उसे छोड़ देते हैं? कितने लोग जीवन की भागदौड़ में खो जाते हैं और यह भूल जाते हैं कि उनकी आत्मा को सच्चे ज्ञान की आवश्यकता है। लेकिन आपको यह आशीर्वाद मिला है, और इस आशीर्वाद का मतलब यह है कि अब आपके जीवन में वह अद्वितीय मार्गदर्शन मौजूद है, जो आपके भीतर की दिव्यता को उजागर करेगा।

दिव्यता की ओर यह यात्रा केवल आपके बाहरी कर्मों का परिणाम नहीं है। यह आपकी आत्मा की गहरी पुकार का उत्तर है। यह ऐसा है मानो आपके भीतर का छोटा दीपक अचानक जल उठा हो, और उसकी रोशनी अब आपको हर दिशा में आकर्षित कर रही हो। आपने जो पहला कदम उठाया है, वह आपकी आंतरिक यात्रा की शुरुआत है, और यह कदम स्वयं में अद्वितीय है।

साधना की राह में बाधाएं और कृपा का महत्व

यह राह कठिनाइयों से भरी हो सकती है। कभी अहंकार आपकी राह में आएगा, कभी आलस्य, और कभी बाहरी दुनिया के आकर्षण। लेकिन याद रखें, दिव्य कृपा हमेशा आपके साथ है। यह कृपा वह अदृश्य शक्ति है, जो आपको हर कठिनाई में आगे बढ़ने की प्रेरणा देती है।

यह ठीक वैसा ही है जैसे एक छोटा पौधा जमीन से बाहर निकलने की कोशिश करता है। उसे मिट्टी का भार उठाना पड़ता है, लेकिन वह अपने भीतर की शक्ति और सूर्य की कृपा से बाहर निकल ही आता है। उसी प्रकार, आपकी साधना की यह यात्रा भी उसी अदृश्य ऊर्जा की मदद से आगे बढ़ेगी।

भगवान ने आपको इस पवित्र मार्ग पर चलने का निमंत्रण दिया है। यह निमंत्रण केवल उन्हीं को मिलता है, जो इसके योग्य होते हैं। श्री कृष्ण ने गीता में कहा है कि "जो मेरा भक्त है, उसे मैं कभी नहीं छोड़ता और जो मेरा अनन्य प्रेम से स्मरण करता है, मैं हमेशा उसके साथ रहता हूँ।"

।। आपका स्वागत है ।।

अध्याय 3: मेरी साधना यात्रा: आत्मा से परिचय का प्रारंभिक मार्ग

मेरा जन्म एक धार्मिक परिवार में हुआ, जहाँ आध्यात्मिकता को महत्व दिया जाता था। पिताजी के पास गीताप्रेस की कई पुस्तकें थीं, जो हमारे घर के माहौल का हिस्सा थीं। इन पुस्तकों ने मुझे बचपन से ही अध्यात्म के प्रति एक अनूठी रुचि और आकर्षण प्रदान किया। हालाँकि शुरुआत मैं इन किताबों को सामान्य रूप से पढ़ता था, मुझे ये केवल मनोरंजक कहानियां लगती थी।

साधना की मेरी यात्रा बहुत ही सरल तरीके से शुरू हुई थी — मैंने बचपन में मंत्र जाप शुरू किया, यह एक सहज और सामान्य प्रक्रिया थी। मुझे लगता था कि सिर्फ यही करना है उन्नति के लिए, और इसमें भी सिर्फ संसारिक नजरिया और जैसे पाप - पुण्य डर ही था । समय के साथ महसूस किया कि मंत्र जाप मेरे अंदर संतोष नहीं दे पा रहा था और यह समझने में समय लगा कि इन शास्त्र कथाएँ केवल घटनाओं का विवरण नहीं हैं, बल्कि ये गहरे आध्यात्मिक संकेतों को छिपाए हुए हैं, जो हमारे शरीर, मन और आत्मा के विभिन्न पहलुओं से संबंधित हैं। महाभारत जैसी महान काव्य रचनाएँ केवल बाहरी घटनाएँ नहीं हैं, बल्कि यह हमारे अंदर घटित हो रहे युद्ध और संघर्षों का प्रतीक हैं।

मेरे मन में एक गहरी उत्सुकता थी, जो आत्मिक यात्रा में कुछ और ढूंढ़ने के लिए प्रेरित कर रही थी। इस जिज्ञासा ने मुझे ध्यान की ओर मोड़ा, क्योंकि महसूस हुआ कि यह प्रक्रिया एक अनजान गहरी अनुभूति के निकट ले जा सकती है।

इस बीच, मैंने शास्त्रों में एक नई बात पाई — यह कि ईश्वर को जानने के अनेक रास्ते हैं, और हर एक व्यक्ति के लिए एक विशिष्ट मार्ग हो सकता है, यहां तक कि नास्तिक होना भी एक मील का पत्थर है ।

यह सोचते हुए, मैं इस निष्कर्ष पर पहुंचा कि अगर बाहरी दुनिया की घटनाओं को समझने की कोशिश करूं, तो मेरी बुद्धि के लिए ब्रह्मांड और परमात्मा को पूरी तरह से समझ पाना संभव नहीं होगा। मेरे लिए सबसे आसान और सुलभ मार्ग यह होगा कि अपनी आंतरिक यात्रा की ओर मुड़ूं। मुझे यह महसूस हुआ कि जो ज्ञान बाहरी रूपों से प्राप्त करना चाहता था, वह अपनी आंतरिक यात्रा से भी मिल सकता है।

आंतरिक यात्रा शुरू करने के लिए, मैंने साधना के कई उपायों में से कुछ चुने जो उस समय की मेरी मानसिक और आत्मिक अवस्था के अनुरूप थे और धीरे-धीरे यह समझ में आने लगा कि साधना केवल एक प्रक्रिया नहीं है, बल्कि यह एक जीवन का तरीका है। मैंने ध्यान की ओर अधिक गहराई से अन्वेषण किया और धीरे-धीरे यह महसूस हुआ कि जो मैं पहले ध्यान समझता था, वह असल में केवल मानसिक शांति की कोशिश थी, न कि सही ध्यान। इस बोध के साथ, ध्यान की वास्तविकता को समझने के लिए प्रयास किए ।

ध्यान के बारे में इस जिज्ञासा ने मुझे शारीरिक, सूक्ष्म और कारण शरीर के बारे में अध्ययन करने के लिए प्रेरित किया। मैंने यह समझने की कोशिश की कि इन तीन शरीरों का कार्य क्या है और कैसे ये हमारे जीवन और साधना को प्रभावित करते हैं। यही वह समय था जब मैंने ध्यान को एक विज्ञान के रूप में देखा — एक ऐसा विज्ञान, जो शरीर, मन और अस्तित्व के तंत्र को समझने और नियंत्रित करने का तरीका है।

ध्यान की प्रक्रिया में ऐसे अनुभव अक्सर आते हैं जो चेतना के अद्वितीय आयामों की झलक प्रदान करते हैं। कभी ऐसा लगता जैसे शरीर केवल एक आवरण है, और चेतना इसकी सीमा को पार करके कहीं दूर असीम आकाश में विचरण कर रही है। यह अनुभव एक स्वप्न जैसा प्रतीत होता, लेकिन उससे कहीं अधिक सजीव और वास्तविक होता। कभी ऐसा लगता है कि अदृश्य ऊर्जा आपको ब्रह्मांड के रहस्यों से जोड़ रही है— जैसे सूक्ष्म लोकों का दरवाजा खुल गया हो। इन क्षणों में, समय और स्थान का अस्तित्व मानो समाप्त हो जाता था, और केवल एक असीम शून्य में प्रवाह का एहसास रह जाता था।

गहरे ध्यान में 'आउट ऑफ बॉडी एक्सपीरियंस' और 'एस्ट्रल प्रोजेक्शन' जैसे अनुभव भी हो जाते हैं , जहाँ शरीर स्थिर रहता है, लेकिन चेतना किसी अन्य आयाम में भ्रमण करती है। यह मानवीय अनुभवों के पार का संसार है, जो रोमांचकारी तो है, लेकिन उस यात्रा के प्रारंभिक पड़ाव हैं, जो साधक को गहराई की ओर आकर्षित करते हैं। ध्यान केवल इन रोमांचकारी अनुभूतियों तक सीमित नहीं है। इसका असली उद्देश्य आत्मा की मौलिक पहचान को समझना और अपनी चेतना के सबसे गहरे स्तर तक पहुंचना है।

कुछ वर्षों की साधना के बाद, मुझे आत्मज्ञान की ओर एक हल्की सी समझ मिली। यह समझ धीरे-धीरे अद्वैत वेदांत की ओर ले गया, जहाँ मैंने जाना कि जीवात्मा और परमात्मा के बीच कोई भेद नहीं है — हम सभी उसी एक परम ऊर्जा का हिस्सा हैं। इस ज्ञान ने मेरी साधना को एक नई दिशा दी, और महसूस हुआ कि परमात्मा के साथ एकता का अनुभव करने के लिए हमें अपनी अंतरात्मा में गहरी खोज करनी होती है।

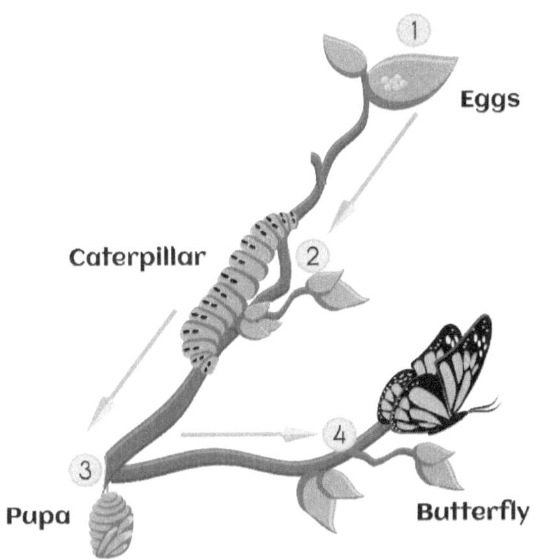

चित्र: लार्वा से तितली मेटामॉर्फसिस (रूपांतरण)

अब, कुछ वर्षों की साधना और चिंतन के बाद, मैं इस यात्रा के कुछ महत्वपूर्ण मील के पत्थरों को पहचान सकता हूँ, जो शायद आपके मेटामॉर्फसिस के लिए भी सहायक हो सकते हैं। जिस प्रकार लार्वा अपने भीतर छुपे अनंत संभावनाओं को पहचानते हुए धैर्य और प्रयास के साथ तितली का रूप धारण करता है, वैसे ही साधक भी आत्मिक यात्रा में अपनी सीमाओं को पार कर पूर्णता की ओर अग्रसर होता है। मानव शरीर में हर 8-9 साल में लगभग हर कोशिका बदल जाती है, यानी आप एक नया शरीर बना लेते हैं और आपकी यात्रा की सम्भावना हमेशा रहती है।

यह पुस्तक उन लोगों के लिए है जो आत्म-ज्ञान की खोज में हैं, और जो साधना की शुरुआत करने में उलझन महसूस करते हैं। आगे आने वाले अध्यायों में, मैं पहले उन सभी अवधारणाओं को समझाऊँगा, जो ध्यान

की प्रक्रिया को समझने के लिए आवश्यक हैं। जैसे शरीर, वाणी, प्राण, मुद्रा और अन्य तत्वों के बारे में विस्तार से चर्चा करेंगे। जब आप इन सभी तत्वों को समझेंगे, तो ध्यान की प्रक्रिया आपके लिए बहुत आसान हो जाएगी, क्योंकि यह सभी तत्व मिलकर एक संपूर्ण साधना के रूप में कार्य करते हैं।

साधना की प्रक्रिया जीवन के हर पहलू से गहराई से जुड़ी हुई है। यह हमें सिखाती है कि जैसे एक किसान बीज बोकर धरती से फसल उगाता है, वैसे ही साधक अपने भीतर के बीज—संस्कारों और विचारों—को पोषित करता है। किसान को धैर्य रखना होता है, बारिश और धूप का इंतजार करना होता है; ठीक वैसे ही, साधना में भी धैर्य और निरंतरता आवश्यक हैं। हर दिन थोड़ा-थोड़ा प्रयास हमारे भीतर एक स्थायी बदलाव लाता है, ठीक वैसे ही जैसे बहते हुए पानी से पत्थर भी घिस जाते हैं। यह यात्रा हमें सिखाती है कि बाहरी दुनिया की तरह ही, हमारी आंतरिक दुनिया भी ध्यान और मेहनत से फलदायी हो सकती है।

अध्याय 4: मानव शरीर

जब मैं अपनी आध्यात्मिक यात्रा की ओर मुड़ा, तो मैंने भी इस शरीर को एक साधारण भौतिक संरचना से अलग, एक ब्रह्मांडीय चमत्कार के रूप में देखना शुरू किया। फिर एहसास हुआ कि यह शरीर ही वह आधार है, जहाँ से साधना की प्रत्येक प्रक्रिया शुरू होती है। इसने मुझे यह सोचने पर मजबूर किया कि शरीर केवल जीने का साधन नहीं, बल्कि आत्मा की गहन अनुभूति और ब्रह्म के साक्षात्कार का माध्यम है। हमारे प्राचीन ऋषियों ने गहरे ध्यान और साधना के माध्यम से मानव शरीर और उसके रहस्यों का अद्भुत ज्ञान प्राप्त किया। उन ऋषियों ने न केवल शरीर की संरचना को समझा, बल्कि उसे ब्रह्म से भी जोड़ा।

आधुनिक वैज्ञानिकों ने खोजा है कि हमारी कोशिकाएँ बायोफोटॉन्स नामक सूक्ष्म प्रकाश किरणें छोड़ती हैं। यह प्रकाश हमारे डीएनए से निकलता है। आध्यात्मिक ग्रंथों में शरीर को "ज्योतिर्मय" कहा गया है, जिसमें आत्मा की दिव्य ऊर्जा प्रकाश के रूप में प्रकट होती है।

जीव - आत्मा, कारण, सूक्ष्म और स्थूल शरीर का एक पिरामिड रूप है, जहाँ प्रत्येक शरीर का विशेष उद्देश्य और कार्य है। इन शरीरों का संतुलन हमें पूर्णता की ओर अग्रसर करता है।

श्रीमद्भगवद्गीता (अध्याय 2, श्लोक 13) में भगवान ने कहा:

देहिनोऽस्मिन्यथा देहे कौमारं यौवनं जरा।
तथा देहान्तरप्राप्तिर्धीरस्तत्र न मुह्यति।।

अर्थात, जैसे देह में आत्मा बाल्यावस्था, युवावस्था और वृद्धावस्था का अनुभव करती है, वैसे ही मृत्यु के पश्चात यह दूसरे शरीर को प्राप्त करती है। इसलिए, इस शरीर को मात्र भौतिक सुख के लिए नहीं, बल्कि आत्मा की उन्नति और सन्मार्ग पर चलने के लिए उपयोग करना चाहिए। यह शरीर यज्ञ, तप, ध्यान और सेवा का माध्यम बनता है, जिससे जीवन का परम उद्देश्य - मोक्ष प्राप्ति - संभव होता है।

साधना की प्रक्रिया में हम सबसे पहले स्थूल शरीर की शुद्धि करते हैं, क्योंकि यह शारीरिक स्तर पर हमारे अस्तित्व से जुड़ा होता है और इसे सही करने के लिए शारीरिक स्वास्थ्य का ध्यान रखना अनिवार्य है। इसके बाद, सूक्ष्म शरीर की शुद्धि की ओर बढ़ते हैं, जो हमारी मानसिक और भावनात्मक स्थिति को प्रभावित करता है और हमारे विचारों को नियंत्रित करता है। अंत में, कारण शरीर की शुद्धि होती है, जो हमारे गहरे कर्मों और आत्मा के साथ जुड़ा होता है, और यही हमारे आध्यात्मिक उन्नति की कुंजी है।

ऋषियों की अद्भुत साधना ने मानव शरीर के तीन महत्वपूर्ण आयामों को स्पष्ट किया: स्थूल शरीर, सूक्ष्म शरीर, और कारण शरीर।

1. स्थूल शरीर (Physical Body)

स्थूल शरीर वह शारीरिक रूप है जिसे अपनी आँखों से देख सकते हैं और जिसे हम सामान्यतः "शरीर" के रूप में पहचानते हैं। यह शरीर हमारे पांच तत्वों— पृथ्वी, जल, अग्नि, वायु और आकाश का संयोजन है। यह शरीर हमारे द्वारा किए गए कार्यों, खानपान, और हमारे मानसिक और भावनात्मक स्वास्थ्य का दर्पण है। स्थूल शरीर का मुख्य कार्य भौतिक जीवन और व्यवहार संचालन है। जैसे एक कुम्हार मिट्टी से खूबसूरत

मटकी बनाता है, वैसे ही हमारा स्थूल शरीर भी पांच तत्वों का संतुलित रूप है। यह शरीर प्रकृति का अद्भुत उपहार है, जो हर क्रिया का आधार है। अगर इसे ठीक से पोषण और देखभाल न मिले, तो यह अपने उद्देश्य को पूर्ण रूप से निभाने में असमर्थ हो जाता है।

चित्र: मानव स्थूल शरीर

स्थूल शरीर केवल पाँच तत्वों शिव सम्मिश्रण नहीं है, बल्कि यह ब्रह्मांडीय ऊर्जा का एक उत्कृष्ट उदाहरण है। जैसे हर नदी अपने स्रोत की ओर प्रवाहित होती है, वैसे ही यह शरीर भी अपनी दिव्यता की खोज में है। ध्यान और साधना से इसे सही दिशा में प्रवाहित किया जा सकता

है। यह शरीर एक मंदिर है, और इसका हर कण अनमोल है। क्या हमने कभी सोचा है कि हमारी सांसें, हमारी धड़कनें और हमारी चाल कितनी सूक्ष्म गणना से संचालित होती हैं? यही अद्भुत संतुलन इस शरीर को ब्रह्मांड से जोड़ता है।

2. सूक्ष्म शरीर (Subtle Body)

सूक्ष्म शरीर, जिसे 'लिंग शरीर' भी कहा जाता है, स्थूल शरीर के भीतर कार्य करता है। यह शरीर वह है जिसमें हमारे विचार, भावनाएँ, इच्छाएँ, और संकल्प निवास करते हैं। यह शरीर ब्रह्मांड की सूक्ष्म ऊर्जा से जुड़ा हुआ है, और यही ऊर्जा हमें जीवन की प्रेरणा देती है। सूक्ष्म शरीर में मुख्यतः पांच भाग होते हैं: प्राण, मन, बुद्धि, अहंकार, और चित्त। यही शरीर हमें अपनी आत्मा की वास्तविकता से जोड़ता है, और हमें बाहरी संसार से परे हमारे आंतरिक अनुभवों को महसूस करने में सक्षम बनाता है। आपने कभी सोचा है कि क्यों एक ही परिस्थिति में लोग अलग-अलग प्रतिक्रिया देते हैं? इसका उत्तर सूक्ष्म शरीर में छिपा है। हमारे विचार, इच्छाएँ, और भावनाएँ इस शरीर का हिस्सा हैं, जो हमारे व्यवहार और निर्णयों को प्रभावित करती हैं। जब सूक्ष्म शरीर संतुलित होता है, तो हमारा मन शांत और सकारात्मक रहता है, लेकिन असंतुलन से तनाव और भ्रम उत्पन्न होता है।

जब सूक्ष्म शरीर संतुलित होता है, तो विचार और भावनाएँ भी संतुलित रहती हैं। हमारे ऋषियों ने कहा है कि 'मन एव मनुष्याणां कारणं बंधमोक्षयोः।' मन का भटकाव संसार में बाँधता है, और मन का संतुलन मोक्ष की ओर ले जाता है। विचार, भावनाएँ, और ऊर्जा - यह तीनों हमारे सूक्ष्म शरीर का आधार हैं। जब यह शुद्ध और शांत होता है, तो यह आत्मा की गहराइयों तक पहुँचने में सहायक होता है। यह वही सूक्ष्म शरीर है जो हमारी साधना का पहला द्वार है।

3. कारण शरीर (Causal Body)

कारण शरीर, जिसे 'आध्यात्मिक शरीर' भी कहा जाता है, मानव अस्तित्व का गहरा और सर्वथा अदृश्य रूप है। यह शरीर हमारी आत्मा से जुड़ा हुआ है और जीवन के सत्य का आभास देता है। कारण शरीर वह स्थान है जहां हम अपने कर्मों और संस्कारों के परिणामों को संचित करते हैं। यह शरीर हमारी आत्मा के अगले जन्म और पूर्व जन्मों के साथ कनेक्टेड होता है। कारण शरीर के माध्यम से ही हम जीवन के परम उद्देश्य को पहचानते हैं और उसे प्राप्त करने की दिशा में अग्रसर होते हैं। जैसे एक वटवृक्ष का बीज पूरी क्षमता को छिपाए रहता है, वैसे ही कारण शरीर हमारी आत्मा की अनंत संभावनाओं का भंडार है। इसे समझने और शुद्ध करने से हमारे जीवन की दिशा स्पष्ट हो जाती है।

कारण शरीर हमारी आत्मा का वह आवरण है, जो हर जन्म के अनुभवों और संस्कारों को धारण करता है। इसे समझने के लिए, हमें अपनी साधना को और गहराई से करना होगा। जब हम अपने कर्मों के प्रभाव को पहचान लेते हैं, तो यही कारण शरीर हमें स्वतंत्रता और आत्मज्ञान की ओर ले जाता है। यह शरीर हमें यह सिखाता है कि हर क्रिया का एक उद्देश्य और परिणाम होता है। 'जो बीज बोते हैं, वही फल मिलता है।' यही कारण शरीर की अद्भुत सत्यता है।

तीनों शरीरों के सामंजस्य का महत्व

इन तीनों शरीरों का समन्वय और संतुलन ही जीवन के वास्तविक उद्देश्य को समझने और साधना की प्रक्रिया को सफल बनाने में मदद करता है। जब इन तीनों शरीरों की ऊर्जा समान रूप से प्रवाहित होती है, तो व्यक्ति का जीवन सहज, शांतिपूर्ण और उद्देश्यपूर्ण बनता है।

तीनों शरीर, जो पृथ्वी पर जन्म लेने वाले प्रत्येक जीव का हिस्सा है, शाश्वत और दिव्य शक्ति का प्रतीक है। हमारी साधना का मुख्य उद्देश्य इन शरीरों में संतुलन लाकर, आत्मा और परमात्मा के एकत्व को अनुभव करना है। जब हम अपने स्थूल, सूक्ष्म, और कारण शरीरों की सही समझ प्राप्त कर लेते हैं, तो हम अपनी वास्तविक शक्ति और दिव्यता को पहचान सकते हैं। तीनों शरीरों का संतुलन हमें जीवन के गहनतम सत्य की ओर ले जाता है। जैसे एक संगीत का राग तब ही मधुर होता है जब हर स्वर सही हो, वैसे ही इन तीनों शरीरों का संतुलन हमारे जीवन की ऊर्जा को एक नये आयाम में ले जाता है।

इस अध्याय में हमने मानव शरीर के तीन प्रमुख आयामों पर संक्षेप में चर्चा की है। जैसे-जैसे हम आगे बढ़ेंगे, इन शरीरों की गहराई में और अधिक उतरेंगे और उनके रहस्यों को उजागर करेंगे। अतः यह अध्याय आपके जीवन के नए अध्याय की शुरुआत है, जो आपको शरीर के रहस्यों और उसके अंदर छिपी हुई ऊर्जा के वास्तविक स्वरूप को समझने में मदद करेगा। अब, जब आप इस अध्याय को आगे पढ़ेंगे, तो यह समझ पाएँगे कि शरीर केवल एक भौतिक अस्तित्व नहीं है, बल्कि यह एक अद्वितीय ऊर्जा और आध्यात्मिक साधना का माध्यम है।

अध्याय 5: स्थूल शरीर

स्थूल शरीर, जिसे हम सामान्यत: "शरीर" के रूप में पहचानते हैं, मानव अस्तित्व का बाह्य और भौतिक रूप है। यह शरीर हमारे अस्तित्व का सबसे स्पष्ट और प्रत्यक्ष रूप है जिसे हम अपनी आँखों से देख सकते हैं और महसूस कर सकते हैं। हमारा स्थूल शरीर केवल भौतिक संरचना नहीं है, बल्कि यह हमारी आत्मा का वाहन है। जैसे एक अच्छी स्थिति में वाहन हमें हमारी यात्रा पूरी करने में मदद करता है, वैसे ही स्वस्थ और संतुलित शरीर आत्मिक और मानसिक प्रगति का आधार बनता है। जब हम इस शरीर की सही देखभाल करते हैं और इसे सही दिशा में मार्गदर्शन करते हैं, तब यह हमें मानसिक, शारीरिक और आध्यात्मिक रूप से प्रगति करने में सहायता करता है।

वैज्ञानिक दृष्टि से मानव शरीर में लगभग 37 ट्रिलियन कोशिकाएँ होती हैं, और हर कोशिका अपने आप में एक सूक्ष्म ब्रह्मांड है।आध्यात्मिकता कहती है कि हर इंसान में ब्रह्मांड की ऊर्जा का अंश है। सूक्ष्म दृष्टि से देखें तो हमारी आत्मा ब्रह्मांडीय चेतना का ही हिस्सा है।

श्रीमन्द्रगवद्गीता (अध्याय 3, श्लोक 8) में कहा गया है:

नियतं कुरु कर्म त्वं कर्म ज्यायो ह्यकर्मणः।
शरीरयात्रापि च ते न प्रसिद्ध्येदकर्मणः।।

अर्थात, कर्तव्य कर्म करना अनिवार्य है, क्योंकि निष्क्रियता से न तो शरीर की यात्रा संभव है और न ही जीवन का उद्देश्य पूर्ण होता है। शरीर को इस संसार में दिए गए कर्तव्यों को निभाने के लिए सक्रिय रखना आवश्यक है। यह शरीर कर्म का माध्यम है। इसके बिना जीवन की यात्रा

संभव नहीं है। शरीर की देखभाल केवल भौतिक सुख के लिए नहीं, बल्कि आत्मिक शुद्धि और ईश्वर से जुड़ने के लिए भी आवश्यक है।

उपनिषदों के अनुसार, यह शरीर पंचमहाभूतों से बना है । यही तत्व मिलकर शरीर को रूप, संरचना और कार्य प्रदान करते हैं। इसका उद्देश्य न केवल सांसारिक कार्यों को पूरा करना है, बल्कि तप, ध्यान, यज्ञ और सेवा के माध्यम से आत्मा को शुद्ध करना और ईश्वर से मिलन की यात्रा को साकार करना है।

स्थूल शरीर के तत्व (महाभूत)

स्थूल शरीर के निर्माण में जिन पांच महाभूतों का योगदान होता है, वे न केवल हमारे शरीर की संरचना बनाते हैं, बल्कि हमारे मानसिक और भावनात्मक स्वास्थ्य पर भी उनका प्रभाव होता है।

1. **पृथ्वी** (Earth)
   पृथ्वी तत्व शरीर को स्थिरता और दृढ़ता प्रदान करता है। यह शरीर के हड्डियों, मांसपेशियों और अन्य ठोस संरचनाओं में समाहित होता है। यह शरीर की मज़बूती और सशक्तता का प्रतीक है।

2. **जल** (Water)
   जल तत्व शरीर के तरल भागों, जैसे रक्त, लसीका, और अन्य फ्लुइड्स का निर्माण करता है। यह तत्व शरीर की नमी और सजीवता को बनाए रखने में मदद करता है। जल तत्व शरीर को लचीलापन और गति प्रदान करता है।

3. **अग्नि** (Fire)
   अग्नि तत्व शरीर में ऊष्मा और पाचन शक्ति का प्रतिनिधित्व करता है। यह शरीर की ऊर्जा, तत्परता और आत्म-रक्षात्मक क्षमता को

नियंत्रित करता है। अग्नि का प्रभाव शरीर की तापमान और स्वास्थ्य पर सीधा असर डालता है।

4. **वायु** (Air)

वायु तत्व शरीर में प्राण वायु का प्रवाह नियंत्रित करता है। यह शरीर के प्रत्येक अंग में जीवन की ऊर्जा को संचारित करता है। वायु का प्रभाव श्वास, रक्त परिसंचरण और शरीर की गतिशीलता पर होता है।

5. **आकाश** (Ether)

आकाश तत्व शरीर के अंतरिक्ष और संरचनात्मक खाली स्थान का प्रतीक है। यह शरीर के अंगों के बीच की दूरी और अनुकूल स्थान की संरचना करता है, ताकि विभिन्न अंग आपस में समन्वय से काम कर सकें।

स्थूल शरीर की कार्यप्रणाली

स्थूल शरीर की कार्यप्रणाली जटिल और परिष्कृत है। प्रत्येक अंग और प्रणाली अपनी-अपनी भूमिका में निपुण होती है, जो जीवन को सुचारु रूप से चलाने में मदद करती है। इसके प्रमुख अंगों और प्रणालियों में श्वसन तंत्र, पाचन तंत्र, रक्त संचार तंत्र, और तंत्रिका तंत्र शामिल हैं।

- **श्वसन तंत्र (Respiratory System):** श्वसन तंत्र शरीर में प्राणवायु (ऑक्सीजन) का प्रवाह नियंत्रित करता है, जो जीवन की प्रक्रिया के लिए अत्यंत आवश्यक है। यह शरीर के हर कोशिका तक ऑक्सीजन पहुँचाता है और कार्बन डाइऑक्साइड को बाहर निकालता है।

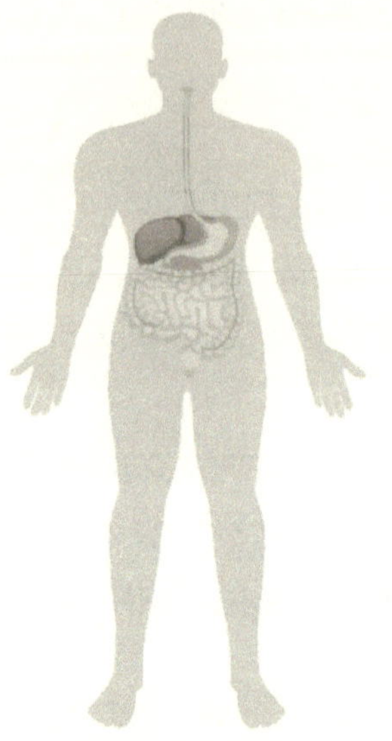

Digestive System

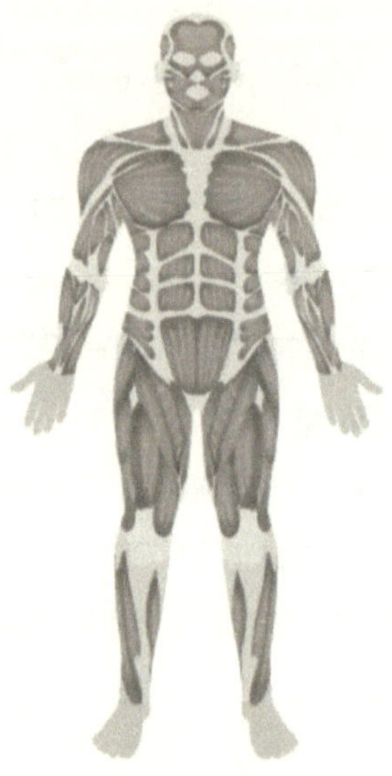

Muscular System

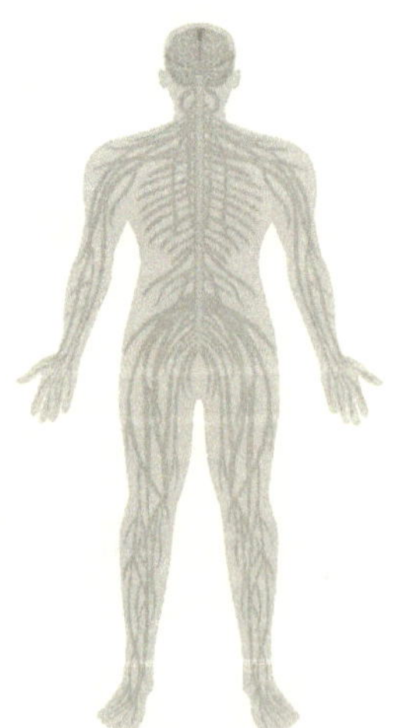

Nervous System

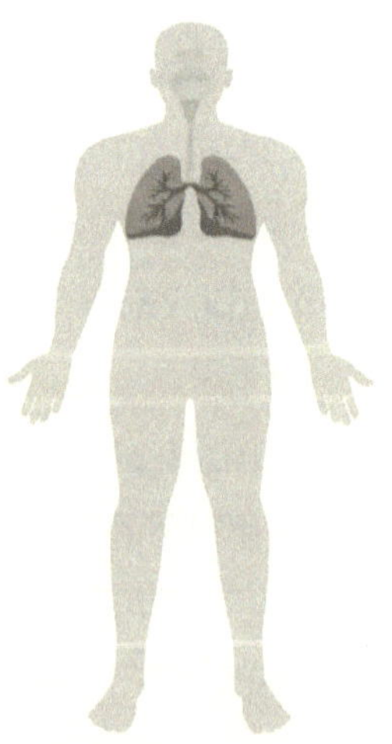

Respiratory system

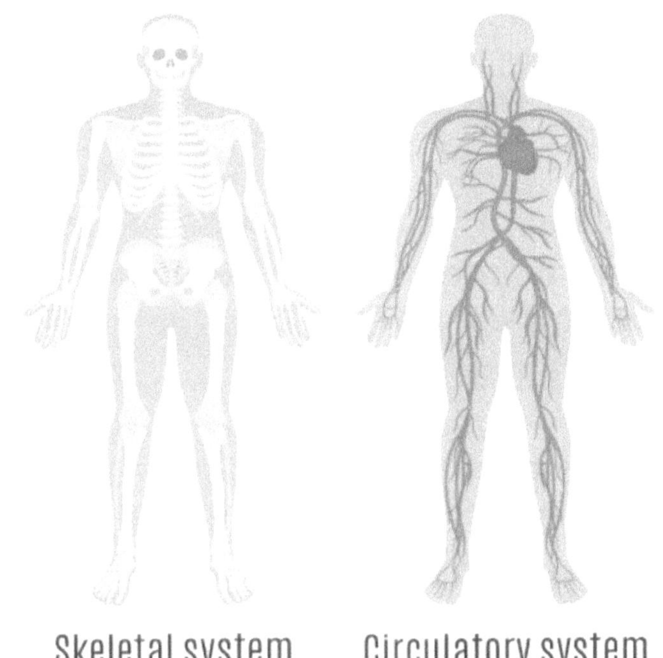

- **पाचन तंत्र (Digestive System):** पाचन तंत्र शरीर में भोजन को ऊर्जा में बदलने का काम करता है। यह पेट, आंतों और अग्न्याशय के माध्यम से शरीर को आवश्यक पोषक तत्व प्रदान करता है।

- **रक्त संचार तंत्र (Circulatory System):** रक्त संचार तंत्र शरीर के हर अंग तक रक्त और पोषक तत्व पहुँचाने का काम करता है। दिल रक्त को पंप करता है, जिससे जीवन रक्षक तत्वों का संचार होता है।

- **तंत्रिका तंत्र (Nervous System):** तंत्रिका तंत्र शरीर के सभी अंगों में संचार और नियंत्रण का काम करता है। यह मस्तिष्क और रीढ़ की हड्डी के माध्यम से शरीर के सभी अंगों से जानकारी प्राप्त करता है और उन्हें निर्देश देता है।

स्थूल शरीर की नाड़ी और मर्म

योग में शरीर को एक ऊर्जा प्रणाली के रूप में देखा गया है, जिसमें नाड़ी और मर्म की महत्वपूर्ण भूमिका होती है। नाड़ी शरीर के भीतर ऊर्जा के प्रवाह की नलिकाएँ होती हैं, जबकि मर्म वह बिंदु होते हैं जहाँ शरीर की ऊर्जा संकेंद्रित होती है।

नाड़ी के माध्यम से शरीर की ऊर्जा का प्रवाह होता है। योग पद्धतियाँ नाड़ी शुद्धि के लिए विभिन्न क्रियाएँ और प्राणायाम विधियाँ सिखाती हैं। जब नाड़ी शुद्ध होती है, तो शरीर में ऊर्जा का प्रवाह बिना किसी रुकावट के होता है।

मर्म शरीर के महत्वपूर्ण बिंदु होते हैं, जहां जीवनशक्ति (प्राण) का संचार होता है। इन मर्मों का ध्यान करने से शरीर में ऊर्जा का संचार सही तरीके से होता है और साधक अपनी साधना में गहरी सफलता प्राप्त कर सकता है।

अब तक हमने स्थूल शरीर और उसके शारीरिक पहलुओं को समझा, लेकिन इन नाड़ियों और मर्म बिंदुओं से संबंधित ऊर्जा और सूक्ष्म शरीर (Subtle Body) के ऊर्जा के प्रवाह जैसे पहलुओं पर चर्चा हम अगले अध्यायों में करेंगे।

स्थूल शरीर के त्रिदोष

शरीर तीन दोषों—**वात (Vata)**, **पित्त (Pitta)**, और **कफ (Kapha)**—से संचालित होता है। जब ये संतुलित रहते हैं, तो शरीर स्वस्थ रहता है, और असंतुलन होने पर रोग उत्पन्न होते हैं।

वात दोष (Vata Dosha)

वात शरीर में गति और ऊर्जा का प्रतीक है। इसका संबंध श्वसन, रक्त संचार, और तंत्रिका तंत्र से है। यह मानसिक चंचलता और रचनात्मकता को बढ़ाता है, लेकिन असंतुलन होने पर भय, चिंता, और अस्थिरता उत्पन्न करता है। साधना में वात का संतुलन ध्यान को स्थिर करने और प्राणायाम के माध्यम से ऊर्जा प्रवाह को नियंत्रित करने में सहायक होता है।

पित्त दोष (Pitta Dosha)

पित्त शरीर में अग्नि और पाचन शक्ति का प्रतीक है। यह भोजन को ऊर्जा में परिवर्तित करता है और शरीर के तापमान को नियंत्रित करता है। मानसिक रूप से यह बुद्धि, साहस, और आत्मविश्वास से जुड़ा है। असंतुलन होने पर क्रोध, अधीरता, और जलन का अनुभव होता है। साधना में पित्त का संतुलन आत्मशुद्धि और स्थायी ध्यानावस्था प्राप्त करने में सहायक होता है।

कफ दोष (Kapha Dosha)

कफ शरीर की स्थिरता और ताकत का प्रतीक है। यह शरीर के ऊतकों को जोड़कर स्थिरता प्रदान करता है और मन सहनशीलता देता है। असंतुलन होने पर आलस्य, भारीपन, और मोह की भावना उत्पन्न होती है। साधना में कफ का संतुलन स्नेह, करुणा, और स्थायी आत्मिक शांति प्राप्त करने में सहायक होता है।

स्थूल शरीर का ध्यान और साधना में महत्व

कुछ शोधों के अनुसार तनाव, चिंता और अन्य नकारात्मक मानसिक अवस्थाएँ शरीर में कोर्टिसोल (तनाव हार्मोन) के स्तर को बढ़ा देती हैं। इस हार्मोन का अत्यधिक स्तर शरीर में कई प्रकार की स्वास्थ्य समस्याओं का कारण बन सकता है, जैसे उच्च रक्तचाप, हृदय रोग और मांसपेशियों का सिकुड़ना। इसके विपरीत, योग और ध्यान के नियमित अभ्यास से कोर्टिसोल का स्तर घटता है, और शरीर में एंडोर्फिन और सेरोटोनिन जैसे 'खुशी के हार्मोन' का स्तर बढ़ता है। ये हार्मोन न केवल मानसिक शांति को बढ़ाते हैं, बल्कि शारीरिक ऊर्जा को भी सुधारते हैं।

योग और प्राणायाम की पद्धतियाँ शरीर में इस हार्मोनल संतुलन को बनाए रखने में महत्वपूर्ण भूमिका निभाती हैं। उदाहरण के लिए, प्राणायाम के दौरान गहरी और नियंत्रित श्वास शरीर में ऑक्सीजन की आपूर्ति को बढ़ाती है, जिससे मस्तिष्क में न्यूरोट्रांसमीटरों (जैसे डोपामिन) का उत्पादन होता है, जो मानसिक स्थिति को सुधारने और शरीर में ताजगी लाने में मदद करता है।

इसी तरह से, जब हम स्थूल शरीर को ध्यान और साधना से शुद्ध करते हैं, तो शरीर के भीतर ऊर्जा का प्रवाह सुचारू रूप से होता है, और यह मन, आत्मा और शरीर के त्रिवेणी संगम को पूरा करता है। इस संतुलन के साथ, साधक न केवल अपने शारीरिक स्वास्थ्य को सुधारता है, बल्कि अपने मानसिक और आध्यात्मिक विकास की ओर भी अग्रसर होता है।

अध्याय 6: सूक्ष्म शरीर - ऊर्जा का प्रवाह

जब हम शरीर के बारे में बात करते हैं, तो आमतौर पर हमारा ध्यान स्थूल शरीर (Physical Body) पर ही केंद्रित होता है। लेकिन शरीर के भीतर एक और महत्वपूर्ण आयाम है जिसे सूक्ष्म शरीर (Subtle Body) कहा जाता है। योग और वेदों में इसे हमारी चेतना का अभिन्न हिस्सा माना गया है ।

आधुनिक विज्ञान में सूक्ष्म शरीर की ऊर्जा प्रवाह को समझने के लिए "क्वांटम फिजिक्स" के सिद्धांत का उपयोग किया गया है। क्वांटम फिजिक्स ने यह सिद्ध किया है कि शरीर के ऊर्जा क्षेत्र की विशेषताएँ सूक्ष्म और विशाल स्तर पर एक जैसी होती हैं। यह सिद्धांत जीवन के प्रत्येक अंश के आपसी संबंध को दर्शाता है, जो सूक्ष्म शरीर के ऊर्जा प्रवाह को नियंत्रित करता है। यांत्रिक दृष्टिकोण से, सूक्ष्म शरीर में ऊर्जा के प्रवाह को नर्वस सिस्टम के विद्युत संकेतों के रूप में देखा जा सकता है, जो हर कोशिका के बीच संदेश भेजते हैं।

श्रीमन्द्भगवद्गीता (अध्याय 15, श्लोक 8) में सूक्ष्म शरीर को आत्मा के आवागमन का कारण बताया गया है:

शरीरं यदवाप्रोति यच्चाप्युत्क्रामतीश्वरः।
गृहीत्वैतानि संयाति वायुर्गन्धानिवाशयात्।।

अर्थात, आत्मा सूक्ष्म शरीर के साथ स्थूल शरीर को छोड़कर नए शरीर को ग्रहण करती है, जैसे हवा सुगंध को अपने साथ ले जाती है।

सूक्ष्म शरीर वह अदृश्य ऊर्जा प्रणाली है जो हमारी शारीरिक और मानसिक स्थिति को नियंत्रित करती है, जिसमें नाड़ी, चक्र और प्राण का महत्वपूर्ण योगदान है। विज्ञान ने पाया है कि हमारा शरीर बायोइलेक्ट्रिक फील्ड्स से घिरा हुआ है, जिसे हम "औरा" (Aura) भी कहते हैं। जब हम सोते हैं, तो हमारा भौतिक शरीर आराम करता है, लेकिन सूक्ष्म शरीर सक्रिय रहता है। वैज्ञानिक इसे "स्वप्न अवस्था" (REM) से जोड़ते हैं।

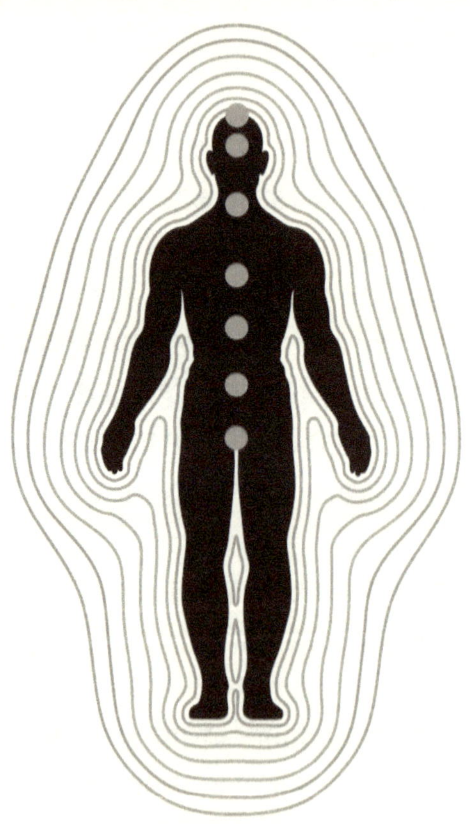

चित्र: सूक्ष्म शरीर औरा

सूक्ष्म शरीर का ध्यान और साधना में महत्व

सूक्ष्म शरीर वह अदृश्य शरीर है, जो भौतिक रूप से देखा नहीं जा सकता, लेकिन यह हमारे अंदर स्थूल शरीर की तरह काम करता है। इसे "प्राण शरीर" भी कहा जाता है क्योंकि यह हमारे प्राण से जुड़ा होता है। आगे के अध्यायों में हम प्राण के बारे में विस्तार से चर्चा करेंगे

सूक्ष्म शरीर का मुख्य कार्य शरीर और कारण शरीर (जीवात्मा) के बीच संवाद स्थापित करना है।

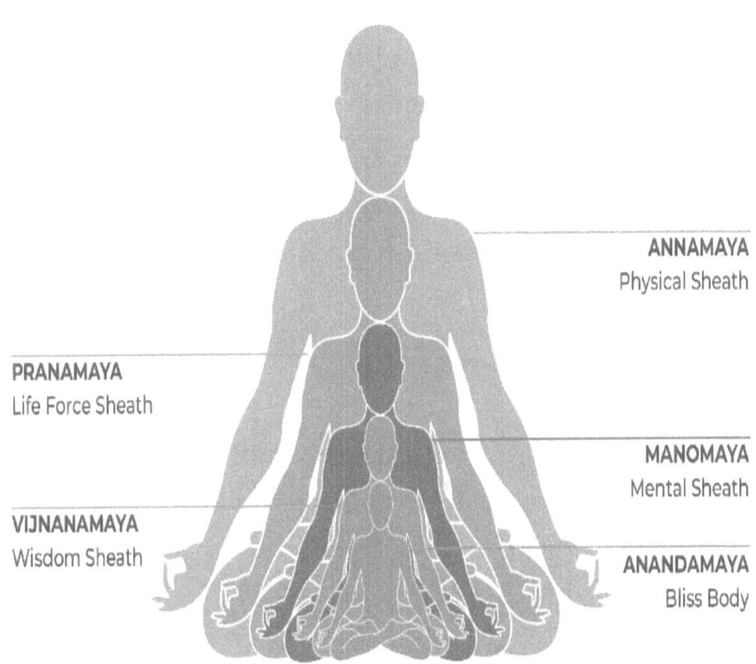

चित्र: पंचकोशीय शरीर

सूक्ष्म शरीर को शास्त्रों में पांच प्रमुख घटकों के रूप में विभाजित किया गया है, जिन्हें हम "पंचकोश" (Five Sheaths) कहते हैं। पंचकोशों का एक दूसरे के ऊपर निर्माण होता है, और प्रत्येक कोश शरीर के विभिन्न पहलुओं को नियंत्रित करता है।

1. **अन्नमयकोश**

यह स्थूल शरीर से जुड़ा हुआ है और इसे "भौतिक शरीर" कहा जाता है। यह शरीर का बाहरी आवरण है और भोजन के माध्यम से ऊर्जा प्राप्त करता है। इस कोश से शरीर का शारीरिक स्वास्थ्य जुड़ा होता है।

2. **प्राणमयकोश**

यह ऊर्जा और प्राण (सांस) से जुड़ा है। इसे "जीवन शक्ति का शरीर" कहा जाता है। प्राणमय कोश का कार्य शरीर में जीवनदायिनी प्राणवायु के प्रवाह को नियंत्रित करना है, जो हमारे शरीर के सभी अंगों को ऊर्जा प्रदान करता है।

3. **मनोमयकोश**

यह हमारे मानसिक और भावनात्मक अनुभवों से जुड़ा है। इसे "मन का शरीर" कहा जाता है। इस कोश में हमारे विचार, भावनाएँ और मानसिक स्वभाव समाहित होते हैं।

4. **विज्ञानमयकोश**

यह हमारी बुद्धि, विवेक, और ज्ञान का शरीर है। इसे "विवेक का शरीर" कहा जाता है। इस कोश के माध्यम से हम सही और गलत का निर्णय लेते हैं और हमारे मानसिक निर्णय लेने की क्षमता को नियंत्रित करते हैं।

5. आनन्दमयकोश

यह "आनंद का शरीर" है, जो हमारी आत्मा और परम चेतना से जुड़ा है। इसे साधना का सबसे गहरा और अदृश्य कोश माना जाता है, जिसमें सुख, शांति, और आध्यात्मिक समृद्धि का अनुभव होता है।

सामान्य मनुष्यों की जीवात्मा, जिसे मुख्य प्राण के रूप में भी जाना जाता है, का स्थायी वास अन्नमय कोश में होता है। यह कोश हमारे स्थूल शरीर का आधार है और हमारे भोजन, पोषण एवं भौतिक अस्तित्व से संबंधित है। जीवात्मा का यह स्थायी स्थान अन्य कोशों, जैसे प्राणमय, मनोमय, विज्ञानमय और आनंदमय कोश, को थोड़ी-थोड़ी ऊर्जा प्रदान करता रहता है, जिससे हमारा संपूर्ण अस्तित्व सक्रिय एवं सजीव बना रहता है।

जब कोई व्यक्ति साधना की गहराई में प्रवेश करता है, तो उसकी जीवात्मा क्रमशः अन्नमय कोश से ऊपर उठकर प्राणमय कोश में प्रवेश करती है। प्राणमय कोश में प्रवेश का अर्थ है जीवन ऊर्जा की गहरी अनुभूति, जिससे शरीर और मन में स्फूर्ति एवं जागरूकता बढ़ती है। इसके बाद साधक की चेतना मनोमय कोश तक पहुँचती है, जहाँ विचार, भावनाएँ और इच्छाएँ गहन रूप से संतुलित होने लगती हैं।

आगे चलकर, साधना के माध्यम से, यह चेतना विज्ञानमय कोश में स्थापित हो जाती है। यह वह स्तर है जहाँ आत्मज्ञान, विवेक और अंतरदृष्टि का विकास होता है। अंततः, साधक की चेतना आनंदमय कोश में प्रविष्ट होती है, जो अनन्त शांति, सुख, और दिव्य आनन्द का स्थान है।

साधना के इस क्रमिक विकास से यह स्पष्ट होता है कि जब जीवात्मा का निवास स्थान उच्च कोशों में स्थापित हो जाता है, तो साधक केवल भौतिक शरीर तक सीमित नहीं रहता, बल्कि वह अपनी उच्च चेतना का अनुभव

करते हुए जीवन के वास्तविक उद्देश्य को समझने लगता है। यही आत्मिक विकास और परम शांति का मार्ग है।

सूक्ष्म शरीर की भूमिका

सूक्ष्म शरीर का कार्य बहुत गहरा और जटिल होता है। यह हमारे जीवन के प्रत्येक पहलू जैसे शारीरिक, मानसिक, और आत्मिक अनुभवों को प्रभावित करता है। जब सूक्ष्म शरीर सही स्थिति में होता है, तो व्यक्ति मानसिक शांति, शारीरिक ऊर्जा, और आध्यात्मिक शांति का अनुभव करता है। इसके विपरीत, जब सूक्ष्म शरीर में कोई अवरोध या असंतुलन होता है, तो शारीरिक, मानसिक और आध्यात्मिक समस्याएँ उत्पन्न हो सकती हैं।

1. शरीर और मन का समन्वय

सूक्ष्म शरीर शारीरिक और मानसिक तत्वों के बीच संतुलन बनाए रखता है। यह शरीर के अंगों के साथ संवाद करता है और मानसिक स्थिति को प्रभावित करता है। जब कोई व्यक्ति शारीरिक रूप से स्वस्थ होता है, तो सूक्ष्म शरीर की ऊर्जा प्रवाह भी सामान्य होती है, जिससे मन भी शांत और स्पष्ट रहता है।

2. ऊर्जा का प्रवाह

सूक्ष्म शरीर की ऊर्जा हमारे अंदर प्रवाहित होती रहती है, जो हमारे ऊर्जा केंद्रों (Energy Centers) के माध्यम से शरीर में बहती है। इन केंद्रों को शास्त्रों में "पद्म" या "चक्र" कहा गया है, और यह सूक्ष्म शरीर के प्रमुख हिस्से होते हैं। प्रत्येक चक्र एक विशिष्ट ऊर्जा केंद्र होता है, जो शरीर और मन की गतिविधियों को नियंत्रित करता है। वैज्ञानिक शोधों ने साबित

किया है कि मानव शरीर के कुछ बिंदु जैसे रीढ़ की हड्डी के पास की जगहें नर्व जंक्शंस हैं, जो ऊर्जा केंद्रों के रूप में काम करती हैं।

सूक्ष्म शरीर में ऊर्जा का प्रवाह

सूक्ष्म शरीर की ऊर्जा का प्रवाह स्थूल शरीर से कहीं अधिक जटिल होता है। यह ऊर्जा शरीर के भीतर अनुकूल और प्रतिकूल परिस्थितियों के अनुसार प्रवाहित होती है। जब सूक्ष्म शरीर में ऊर्जा का प्रवाह सही दिशा में होता है, तो व्यक्ति मानसिक रूप से केंद्रित और शारीरिक रूप से स्वस्थ रहता है। इसके विपरीत, जब इस ऊर्जा में किसी प्रकार का अवरोध उत्पन्न होता है, तो यह मानसिक और शारीरिक समस्याओं का कारण बन सकता है।

योग और तंत्र विद्या में ऊर्जा को संतुलित करने के लिए विभिन्न साधन दिए गए हैं, जैसे कि प्राणायाम, ध्यान, और योगासन। इन साधनाओं के माध्यम से सूक्ष्म शरीर की ऊर्जा को जागृत किया जा सकता है और उसे संतुलित किया जा सकता है।

सूक्ष्म शरीर और चक्र

सूक्ष्म शरीर का आधार संबंध चक्रों से होता है, और प्रत्येक चक्र शरीर की ऊर्जा को एक विशिष्ट तरीके से प्रभावित करता है। हम चक्रों के महत्व और उनके कार्यों पर एक अलग अध्याय में विस्तार से चर्चा करेंगे, जहाँ हम हर चक्र की विशेषताओं और उनकी साधना विधियों को समझेंगे।

प्रसिद्ध रिसर्चर Cyndi Dale अपनी किताब "The Subtle Body" में लिखा है कि जब चक्रों में कोई अवरोध होता है, तो यह न केवल

मानसिक स्थिति को प्रभावित करता है बल्कि शारीरिक रोगों का भी कारण बन सकता है।

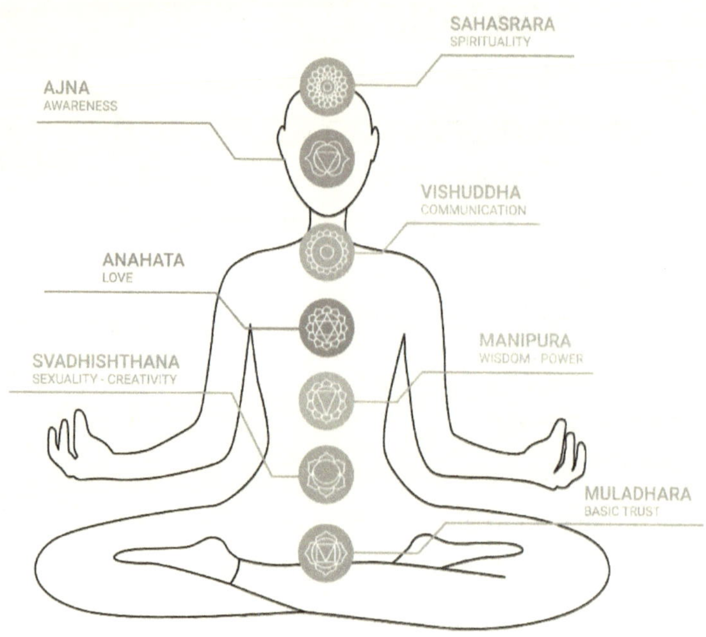

चित्र: सूक्ष्म शरीर चक्र

इस अध्याय में सूक्ष्म शरीर की ऊर्जा के प्रवाह को समझने के बाद, चक्रों को संतुलित करना हमारी साधना का अगला कदम होगा।

अध्याय 7: कारण शरीर - आध्यात्मिक और मानसिक आयाम

हमने अब तक स्थूल शरीर (Physical Body) और सूक्ष्म शरीर (Subtle Body) के बारे में समझा, लेकिन शरीर का एक और महत्वपूर्ण आयाम है जिसे **कारण शरीर** (Causal Body) कहा जाता है। यह शरीर हमारा सबसे गहरा और सबसे सूक्ष्म हिस्सा है। कारण शरीर वह अदृश्य और अव्यक्त आयाम है, जो हमारे जीवन के मूल कारणों, इच्छाओं और पूर्व जन्मों के संस्कारों को संचित करता है। इस अध्याय में हम कारण शरीर को समझने का प्रयास करेंगे। वैज्ञानिक शोध बताते हैं कि डीएनए में हमारे पूर्वजों की जानकारी और व्यवहार के पैटर्न संरक्षित होते हैं। आध्यात्मिक दृष्टिकोण से, यह कारण शरीर की अवधारणा से मेल खाता है, जहाँ हमारे पिछले जन्मों के संस्कार संरक्षित होते हैं।

कारण शरीर क्या है?

कारण शरीर वह सूक्ष्मतम आयाम है, जो हमारे शारीरिक और मानसिक अनुभवों का आधार है। यह एक प्रकार का अदृश्य शरीर है, जो हमारे चेतना के गहरे स्तर से जुड़ा होता है। कारण शरीर को **जीवात्मा** का रूप भी कहा जा सकता है, क्योंकि यह शरीर के सभी कर्मों और संस्कारों का स्रोत है। यह शरीर हमारे **पूर्वजन्मों** के कर्मों और संस्कारों का संचय करता है। यह हमारे जीवन के मूल कारणों को, जैसे जन्म, मृत्यु और जीवन के अनुभवों को नियंत्रित करता है। कारण शरीर का अस्तित्व हमें यह समझने में सहायता करता है कि जीवन में कोई भी घटना केवल एक संयोग नहीं है, बल्कि यह हमारे कर्मों और संस्कारों का स्वाभाविक

परिणाम है। जब हम इस तथ्य को स्वीकार करते हैं, तो हमारे अंदर एक गहरी समझ विकसित होती है, जो हमें कर्मों के प्रति सजग और सचेत बनाती है।

श्रीमन्द्भगवद्गीता (अध्याय 8, श्लोक 6) में भगवान ने कहा है:

यं यं वापि स्मरन्भावं त्यजत्यन्ते कलेवरम्।
तं तमेवैति कौन्तेय सदा तद्भावभावितः।।

अर्थात, जीवन के अंत में जो भी भाव या संस्कार कारण शरीर में प्रमुख होते हैं, वे अगले जन्म की दिशा तय करते हैं। कारण शरीर वह आवरण है, जो इन संस्कारों को आत्मा के साथ संजोकर रखता है और पुनर्जन्म की प्रक्रिया को संचालित करता है।

कारण शरीर का कार्य और भूमिका

कारण शरीर को समझने का प्रयास करना एक गहरे समुद्र में गोता लगाने जैसा है। प्रत्येक गोता हमें हमारे स्वयं के अस्तित्व की एक नई परत से परिचित कराता है। जैसे-जैसे हम इस परत को खोलते हैं, हमें अपने वास्तविक स्वरूप का ज्ञान होता है, जो हर प्रकार के भय और भ्रम से मुक्त होता है।

कारण शरीर का कार्य सबसे गहरा और सूक्ष्म होता है। यह हमारे मानसिक और शारीरिक जीवन की नींव है। कारण शरीर हमारे **कर्मों** और **विचारों** का संग्रह करता है, जिन्हें हम अपनी वर्तमान स्थिति में अनुभव करते हैं। इन संस्कारों का प्रभाव हमारे जीवन के रास्ते और हमारी चुनौतियों पर पड़ता है।

1. पूर्वजन्म के संस्कार

हम जो कर्म करते हैं, वह हमारे अगले जन्म में कारण शरीर प्रभाव डालते हैं। यह संस्कार हमारे पूर्वजन्मों से जुड़े होते हैं और हमारे वर्तमान जीवन में अनुभवों के रूप में प्रकट होते हैं। इस कारण, व्यक्ति का जीवन उसकी पूर्वजन्म की कर्मों का फल होता है।

2. विचारों और इच्छाओं का संचय

कारण शरीर में हमारे विचारों और इच्छाओं का संचय होता है। जब हम जीवन में किसी चीज़ के प्रति मजबूत इच्छा या संकल्प करते हैं, तो वह कारण शरीर में एक छाप छोड़ जाता है। इन इच्छाओं का प्रभाव सूक्ष्म और स्थूल शरीर पर दिखाई देता है।

हमारे विचार और इच्छाएँ, कारण शरीर में केवल एक छाप नहीं छोड़ते, बल्कि यह भविष्य में हमारे जीवन की संभावनाओं को भी आकार देते हैं। यह एक बीज बोने जैसा है, जहाँ हर इच्छा और विचार एक नए जीवन की नींव रखता है। यह समझ हमारे जीवन को एक नई दिशा दे सकती है।

3. कर्म और भाग्य

कारण शरीर में ऊर्जा और विचार, हमारे कर्मों के परिणामस्वरूप जमा होते रहते हैं। यही ऊर्जा हमारे भाग्य को आकार देती और नियंत्रित करती है। वास्तव में, भाग्य हमारे ही कर्मों का एक श्रृंखलाबद्ध प्रतिक्रिया (चेन रिएक्शन) है। उदाहरणस्वरूप, मान लीजिए आपके पास दो विकल्प हैं—घर का भोजन या बाहर का भोजन। आपने अपनी स्वतंत्र इच्छा से बाहर का भोजन चुना, लेकिन यदि वह भोजन खराब निकला और

आपको अस्पताल जाना पड़ा, तो यह आपकी बनाई हुई परिस्थिति है। इस भाग्य को आपने स्वयं अपने निर्णय के माध्यम से जन्म दिया।

कर्म और भाग्य के मध्य संबंध को समझने के लिए एक साधक को यह महसूस करना होगा कि भाग्य कोई पूर्वनिर्धारित सत्य नहीं है। यह हमारे स्वयं के कर्मों की निरंतरता है, जिसे साधना और आत्मचिंतन के माध्यम से बदला जा सकता है।

यही कारण है कि हमारे कर्म न केवल हमारे वर्तमान को प्रभावित करते हैं, बल्कि हमारे भविष्य का भी निर्माण करते हैं। विचार, निर्णय, और कर्म तीनों का संतुलन हमारे भाग्य को सशक्त या कमजोर बना सकता है। सही निर्णय और शुद्ध कर्म न केवल हमारे कारण शरीर की ऊर्जा को सकारात्मक बनाते हैं, बल्कि हमारे भाग्य को भी शुभ दिशा में मोड़ते हैं। इसलिए, यह समझना आवश्यक है कि भाग्य कोई बाहरी शक्ति नहीं है जो हम पर थोप दी गई हो, बल्कि यह हमारे स्वयं के कर्मों का प्रतिफल है। सही विचारों और निर्णयों के साथ हम अपने भाग्य का निर्माण कर सकते हैं और अपने जीवन को ऊर्जावान एवं सफल बना सकते हैं। इसलिए, कारण शरीर का संतुलन बनाए रखना बहुत महत्वपूर्ण होता है, क्योंकि यह हमारे जीवन के अनुभवों की दिशा निर्धारित करता है।

कारण शरीर और आत्मा का संबंध

कारण शरीर और आत्मा के बीच गहरा संबंध है। आत्मा के अंश के रूप में कारण शरीर हमारे भीतर निवास करता है और जीवन के हर अनुभव का आधार बनता है। आत्मा शुद्ध रूप में अदृश्य और अनंत होती

है, लेकिन कारण शरीर के माध्यम से वह हमारे मानसिक, शारीरिक, और आध्यात्मिक अनुभवों में प्रकट होती है।

जब आत्मा और कारण शरीर के बीच की दूरी कम होती है, तो साधक को ब्रह्मांड के प्रति एकता का अनुभव होता है। यह अनुभव उसे अपने जीवन की हर घटना में एक गहरे अर्थ को देखने की क्षमता प्रदान करता है। यह स्थिति ही आत्मा की शुद्धता और कारण शरीर की मुक्ति का संकेत है।

कारण शरीर को समझने से हमें यह स्पष्ट होता है कि हमारे जीवन में जो कुछ भी घटित होता है, वह किसी कारण से ही होता है। हमारे पूर्व जन्म के कर्मों और संस्कारों का असर वर्तमान जीवन पर पड़ता है। जब हम अपनी आत्मा के वास्तविक स्वरूप को पहचानते हैं, तो कारण शरीर के प्रभावों को भी नियंत्रित करना संभव होता है।

कारण शरीर का संतुलन और साधना

कारण शरीर को शुद्ध करना सबसे कठिन और गहन साधना है। यह साधना उस साधक के लिए होती है जो अपने जीवन के परम तत्व को समझना चाहता है। कुछ प्रमुख साधनाएँ जो कारण शरीर के संतुलन में सहायक हो सकती हैं:

1. **योग और ध्यान (Yoga & Meditation):**
   योग और ध्यान की साधना से हम अपने कारण शरीर को शुद्ध कर सकते हैं। ध्यान के माध्यम से हम अपने गहरे विचारों और इच्छाओं का सामना करते हैं और उन्हें शुद्ध करने का प्रयास करते हैं।

2. **प्राणायाम (Pranayama):**
प्राणायाम से हम अपनी ऊर्जा के प्रवाह को नियंत्रित करते हैं। यह हमारे कारण शरीर के ऊर्जा प्रवाह को संतुलित करने में सहायक होता है।

3. **कर्मयोग (Karmayoga):**
अपने कर्मों को दृष्टा और बिना किसी बंधन के करना, कारण शरीर को शुद्ध करने का एक महत्वपूर्ण तरीका है।

आगे के अध्याय में हम तीनों शरीरों के आपसी संबंध की चर्चा करेंगे।

अध्याय 8: स्थूल, सूक्ष्म और कारण शरीर का संबंध

हमने अब तक मानव शरीर के तीन प्रमुख आयामों - **स्थूल शरीर** (Physical Body), **सूक्ष्म शरीर** (Subtle Body) और **कारण शरीर** (Causal Body) के बारे में समझा। यह तीनों शरीर हमारे जीवन के अनुभवों, विचारों और आध्यात्मिक प्रगति में महत्वपूर्ण भूमिका निभाते हैं। इन तीनों के बीच गहरा संबंध होता है, और एक का संतुलन दूसरे पर प्रभाव डालता है। इस अध्याय में हम इन तीनों शरीरों के बीच संबंध को समझेंगे और देखेंगे कि कैसे वे आपस में एक दूसरे को प्रभावित करते हैं।

श्रीमन्द्भगवद्गीता (अध्याय 3, श्लोक 42) कहा गया है:

इन्द्रियाणि पराण्याहुरिन्द्रियेभ्यः परं मनः।
मनसस्तु परा बुद्धिर्यो बुद्धेः परतस्तु सः।।

अर्थात, इन्द्रियाँ स्थूल शरीर से श्रेष्ठ हैं और इन्द्रियों से भी श्रेष्ठ है मन। मन से परे बुद्धि है और बुद्धि से भी परे है आत्मा।

1. स्थूल शरीर और सूक्ष्म शरीर का संबंध

स्थूल शरीर में जो भी शारीरिक गतिविधियाँ होती हैं, उनका प्रभाव सूक्ष्म शरीर पर पड़ता है। उदाहरण स्वरूप, यदि किसी व्यक्ति का मानसिक स्वास्थ्य ठीक नहीं है, तो उसका प्रभाव उसके स्थूल शरीर पर भी दिखाई देता है। मानसिक तनाव, चिंता और दुख स्थूल शरीर के

शारीरिक लक्षणों जैसे सिरदर्द, पेट दर्द और अन्य बीमारियों का कारण बन सकते हैं। इसके विपरीत, स्थूल शरीर की शारीरिक स्थिति भी सूक्ष्म शरीर को प्रभावित करती है। यदि स्थूल शरीर स्वस्थ और संतुलित है, तो सूक्ष्म शरीर में भी मानसिक शांति और संतुलन रहेगा।

जैसे भोजन का सीधा प्रभाव स्थूल शरीर पर पड़ता है, वैसे ही विचार सूक्ष्म शरीर को प्रभावित करते हैं। शुद्ध और सात्विक भोजन स्थूल शरीर को ऊर्जा प्रदान करता है और सूक्ष्म शरीर को सकारात्मकता से भरता है। दूसरी ओर, तामसिक भोजन या नकारात्मक विचार स्थूल और सूक्ष्म दोनों शरीरों में असंतुलन पैदा करते हैं। इसलिए कहा जाता है, "जैसा खाओ अन्न, वैसा बने मन।

2. सूक्ष्म शरीर और कारण शरीर का संबंध

सूक्ष्म शरीर के भीतर जो विचार, इच्छाएँ और भावनाएँ उत्पन्न होती हैं, वे कारण शरीर में संग्रहीत हो जाती हैं। यदि किसी व्यक्ति की मानसिकता सकारात्मक है, तो वह अच्छे संस्कार और कर्मों का संचय करेगा, जो कारण शरीर में सकारात्मक रूप से जमा होंगे। इसके विपरीत, नकारात्मक विचार और इच्छाएँ कारण शरीर में नकारात्मक संस्कारों का निर्माण करती हैं, जो जीवन के संघर्षों और दुखों का कारण बन सकते हैं।

हमारे संस्कारों की ऊर्जा कारण शरीर में संरक्षित रहती है। प्रत्येक विचार और कर्म एक नया संस्कार बनाता है, जो हमारे भविष्य के अनुभवों को आकार देता है। जब तक इन संस्कारों को शुद्ध नहीं किया जाता, वे पुनर्जन्म और कर्मचक्र का कारण बनते हैं। इसीलिए साधना का उद्देश्य केवल शारीरिक शुद्धि नहीं, बल्कि संस्कारों को शुद्ध करना भी है।

3. स्थूल शरीर और कारण शरीर का संबंध

स्थूल शरीर का संचालन कारण शरीर के कारण होता है। उदाहरण के लिए, यदि किसी व्यक्ति के कारण शरीर में अच्छे कर्म और संस्कार हैं, तो उसका स्थूल शरीर स्वस्थ रहेगा और उसे जीवन में अच्छे परिणाम मिलेंगे। वहीं, यदि कारण शरीर में नकारात्मक कर्म और संस्कार हैं, तो स्थूल शरीर पर भी इसका नकारात्मक प्रभाव पड़ेगा, जैसे शारीरिक बीमारियाँ, मानसिक असंतुलन और जीवन में संघर्ष। यदि कारण शरीर में कोई विकृति या दोष होता है, तो यह सूक्ष्म शरीर से होते हुए स्थूल शरीर में भी शारीरिक समस्याओं का कारण बन सकता है।

4. ऊर्जा केंद्रों (चक्रों) का तीनों शरीरों पर प्रभाव

स्थूल, सूक्ष्म और कारण शरीर को जोड़ने में ऊर्जा केंद्र, जिन्हें चक्र कहा जाता है, की महत्वपूर्ण भूमिका होती है। हर चक्र न केवल हमारी शारीरिक प्रणाली को प्रभावित करता है, बल्कि मानसिक और आध्यात्मिक स्तरों पर भी प्रभाव डालता है। उदाहरण के लिए:

- **मूलाधार चक्र**: यह स्थूल शरीर में सुरक्षा और स्थिरता से संबंधित है। यदि यह चक्र असंतुलित हो, तो व्यक्ति को भय, अस्थिरता और भौतिक समस्याओं का सामना करना पड़ सकता है।

- **अनाहत चक्र**: यह सूक्ष्म शरीर में भावनाओं और प्रेम का केंद्र है। इसका असंतुलन मानसिक और भावनात्मक कष्टों का कारण बनता है।

- **आज्ञा चक्र**: यह कारण शरीर में आत्मज्ञान और अंतर्दृष्टि को प्रभावित करता है। इसका संतुलन व्यक्ति को सटीक निर्णय लेने और आध्यात्मिक प्रगति में मदद करता है।

5. प्राणायाम और ध्यान का योगदान

तीनों शरीरों के बीच सामंजस्य स्थापित करने के लिए प्राणायाम और ध्यान जैसे साधन अत्यंत प्रभावी हैं।

- **प्राणायाम**: यह स्थूल और सूक्ष्म शरीर को जोड़ने में सहायक है। श्वास की प्रक्रिया स्थूल शरीर को उर्जा देती है और सूक्ष्म शरीर के विचारों और भावनाओं को शांत करती है। नियमित प्राणायाम से चक्रों का संतुलन होता है और प्राण ऊर्जा (life force) का प्रवाह सुधरता है।

- **ध्यान**: ध्यान के माध्यम से व्यक्ति कारण शरीर तक पहुँच सकता है। यह व्यक्ति को अपने गहरे संस्कारों को पहचानने और उन्हें शुद्ध करने में सहायता करता है।

तीनों शरीरों का संतुलन और आध्यात्मिक साधना

तीनों शरीरों का संतुलन बनाए रखना जीवन में शांति और संतोष प्राप्त करने के लिए अत्यंत महत्वपूर्ण है। जब तीनों शरीरों का संतुलन बिगड़ता है, तो इसका प्रभाव जीवन के हर पहलू पर पड़ता है, चाहे वह शारीरिक स्वास्थ्य हो, मानसिक शांति हो या आध्यात्मिक उन्नति हो। जब इन तीनों का संतुलन होता है, तो जीवन में शांति, समृद्धि और आध्यात्मिक प्रगति होती है। हमारी आध्यात्मिक यात्रा का लक्ष्य इन तीनों शरीरों को शुद्ध और संतुलित करना है, ताकि हम अपनी आत्मा के वास्तविक स्वरूप को पहचान सकें और जीवन को उच्चतम स्तर पर जी सकें।

साधना का मुख्य उद्देश्य इन तीनों शरीरों को शुद्ध और संतुलित करना है, ताकि आत्मा अपनी वास्तविकता में स्थित हो सके।

- जब स्थूल शरीर स्वस्थ होता है, तो साधक अपनी साधना के लिए सुदृढ़ आधार प्राप्त करता है।
- सूक्ष्म शरीर के शुद्ध होने से मानसिक शांति और ध्यान में एकाग्रता आती है।
- कारण शरीर को शुद्ध करने पर व्यक्ति अपने कर्म बंधनों से मुक्त होकर आत्मज्ञान की ओर अग्रसर होता है।

मृत्यु और मोक्ष क्या है?

मृत्यु वह प्रक्रिया है जिसमें सूक्ष्म शरीर भौतिक शरीर को त्याग देता है। लेकिन यह एक ही यात्रा का हिस्सा है, जहां जीवात्मा अपने सूक्ष्म कर्मों के आधार पर अगले जीवन या स्थिति की ओर बढ़ती है। मृत्यु केवल भौतिक शरीर का अंत है, जीवात्मा या यात्रा का नहीं।

श्रीमद्भगवद्गीता (अध्याय 2, श्लोक 22) में भगवान ने कहा है –

**वासांसि जीर्णानि यथा विहाय नवानि गृह्णाति नरोऽपराणि।
तथा शरीराणि विहाय जीर्णानि अन्यानि संयाति नवानि देही।।**

अर्थात, आत्मा स्थूल शरीर को पुराने वस्त्रों की तरह छोड़कर नया शरीर धारण करती है। लेकिन यह प्रक्रिया कारण शरीर और सूक्ष्म शरीर के प्रभाव से संचालित होती है।

मृत्यु को भय या अंत के रूप में देखना केवल अज्ञान का परिणाम है। यह आत्मा के एक नए अध्याय की शुरुआत है, जहाँ सूक्ष्म और कारण शरीर पुराने संस्कारों के साथ आगे बढ़ते हैं। साधना के माध्यम से, मृत्यु

को जीवन के हिस्से के रूप में स्वीकार करना और इसे आत्मा के विकास की प्रक्रिया के रूप में देखना संभव है।

मोक्ष, इसके विपरीत, उस अंतिम अवस्था को दर्शाता है जहां कारण शरीर का भी विलय हो जाता है। यह वह स्थिति है जब आत्मा समस्त बंधनों से मुक्त होकर ब्रह्मांडीय चेतना में विलीन हो जाती है। मोक्ष न केवल जन्म-मरण के चक्र से मुक्ति है, बल्कि वह परम शांति और सत्य-चित्-आनंद की अवस्था है, जो आत्मा के वास्तविक स्वरूप का बोध कराती है।

अध्याय 9: सूक्ष्म शरीर के ऊर्जा केंद्र चक्र

हमने पहले ही सूक्ष्म शरीर के बारे में जाना, जो मानसिक, भावनात्मक और आध्यात्मिक आयामों से जुड़ा हुआ होता है। सूक्ष्म शरीर के भीतर ऊर्जा का प्रवाह चक्रों (Chakras) के माध्यम से होता है। इन चक्रों का विज्ञान अत्यंत गूढ़ है, ये हमारे शारीरिक और मानसिक स्वास्थ्य से जुड़ी ऊर्जा केंद्रों के रूप में कार्य करते हैं। हर चक्र में एक विशेष प्रकार की ऊर्जा और गुण होते हैं, जो हमारे जीवन को प्रभावित करते हैं। इस अध्याय में हम सूक्ष्म शरीर के चक्रों के बारे में विस्तार से समझेंगे, उनके कार्य, और उन चक्रों को जागृत करने की साधना विधियाँ।

चक्र क्या होते हैं?

चक्र संस्कृत शब्द है, जिसका अर्थ होता है "पहिया" या "सर्कल"। चक्र हमारे शरीर के भीतर ऊर्जा के केंद्र होते हैं, जो शरीर के विभिन्न हिस्सों से जुड़ी होती हैं। प्रत्येक चक्र से शरीर की अलग-अलग जगह ऊर्जा का प्रवाह होता है और यह हमारे मानसिक, शारीरिक और आध्यात्मिक स्वास्थ्य को प्रभावित करता है। योग विद्या और तंत्रशास्त्र में इन चक्रों का बहुत महत्वपूर्ण स्थान है।

चक्रों का उद्देश्य शरीर में जीवन शक्ति (प्राण) का संतुलन बनाए रखना और उसे सही दिशा में प्रवाहित करना है। जब चक्र संतुलित होते हैं, तो हम संतुलन महसूस करते हैं। जब चक्र अवरुद्ध होते हैं, तो इससे हमारे जीवन में तनाव, बीमारियाँ और मानसिक असंतुलन हो जाता है।

चक्र हमारे सूक्ष्म शरीर के ऊर्जा केंद्र हैं, जो शरीर के ऊर्जा प्रवाह को नियंत्रित करते हैं। ये ऊर्जा केंद्र नाड़ी और तंत्रिका जंक्शंस (junctions) के पास स्थित होते हैं, लेकिन इनका कोई भौतिक रूप नहीं होता। चक्र वास्तविक पहियों की तरह घूमते नहीं हैं, बल्कि ये एक निश्चित आवृत्ति पर स्पंदन (कंपन) करते हैं। इस स्पंदन की आवृत्ति और गुणवत्ता हम पर गहरा प्रभाव डालती है।

चक्रों की स्पंदन की आवृत्ति उनके आसपास की ऊर्जा के आधार पर बदलती है। यह ऊर्जा हमारे कर्मों, आंतरिक विचारों, मानसिक स्थिति और जीवनशैली से प्रभावित होती है। यह स्पंदन सूक्ष्म शरीर की स्थिति को प्रकट करते हैं और हमारे भूतकाल, वर्तमान और भविष्य के अनुभवों का प्रतिनिधित्व करते हैं।

शास्त्रों में कुल 112 चक्रों का उल्लेख किया गया है, लेकिन साधना में मुख्य रूप से 7 चक्रों पर कार्य किया जाता है।

1. **मूलाधार चक्र (Root Chakra)**
   यह चक्र शरीर के आधार में स्थित होता है और स्थूल शरीर और सूक्ष्म शरीर के बीच की ऊर्जा को नियंत्रित करता है। यह सुरक्षा, अस्तित्व, और स्थिरता से जुड़ा है।

2. **स्वाधिष्ठान चक्र (Sacral Chakra)**
   यह चक्र संवेदनाओं और भावनाओं से जुड़ा होता है तथा शारीरिक और मानसिक संतुलन बनाए रखने में सहायक है।

3. **मणिपुर चक्र (Solar Plexus Chakra)**
   यह चक्र आत्मविश्वास, शक्ति और ऊर्जा का केंद्र है एवं आत्म-निर्भरता और शक्ति का प्रतीक होता है।

4. **अनाहत चक्र (Heart Chakra)**

यह चक्र प्रेम, करुणा, और संतुलन का प्रतीक है। यह सूक्ष्म शरीर में भावनात्मक संतुलन को बनाए रखता है।

5. **विशुद्धि चक्र (Throat Chakra)**

यह चक्र संवाद और सत्य बोलने से जुड़ा होता है और सूक्ष्म शरीर में आत्म-अभिव्यक्ति और सत्य के प्रकाश को बढ़ाता है।

6. **आज्ञा चक्र (Third Eye Chakra)**

यह चक्र मानसिक दृष्टि और अंतर्दृष्टि का केंद्र है। इसे "आध्यात्मिक आँख" भी कहा जाता है, जो व्यक्ति को उच्चतर चेतना के अनुभव में सहायक होती है।

7. **साहस्रार चक्र (Crown Chakra)**

यह चक्र आत्मज्ञान और आत्मबोध से जुड़ा होता है। यह सूक्ष्म शरीर के सर्वोच्च स्तर को दर्शाता है, जहां साधक आत्मा और ब्रह्म से एकाकार हो जाता है।

चक्रों का संबंध कारण शरीर से

चक्रों के कम्पनों का पैटर्न सिर्फ वर्तमान और जीवनशैली से नहीं होता, बल्कि यह हमारे **कारण शरीर** (Causal Body) से भी जुड़ा होता है। जब हम किसी जीवन में कोई कार्य करते हैं या विचार करते हैं, तो वह हमारे कारण शरीर में दर्ज हो जाता है। इसके बाद यह ऊर्जा चक्रों में प्रतिबिंबित होती है, और इनकी स्पंदन पैटर्न तय होती है।

हर चक्र के साथ जुड़ा हुआ कर्म और संस्कार उसकी स्पंदन का पैटर्न को प्रभावित करता है।

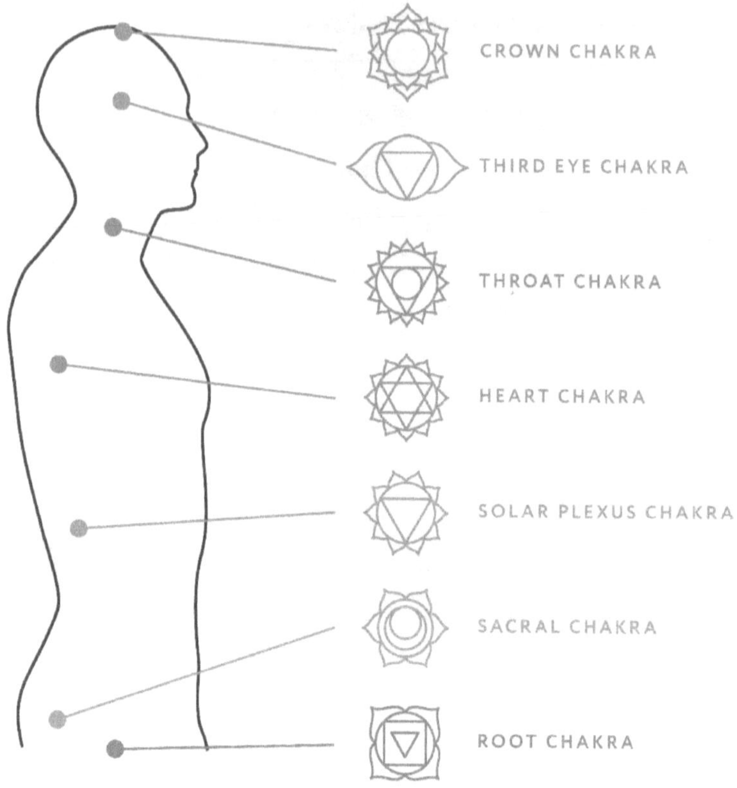

चित्र: स्थूल शरीर में सूक्ष्म शरीर के चक्रों की स्थिति

जीवनशैली और चक्रों पर प्रभाव

हमारी **जीवनशैली**, जैसे हमारी सोच, आहार, दिनचर्या, और व्यवहार, चक्रों के स्पंदन के पैटर्न पर गहरा प्रभाव डालती है। उदाहरण स्वरूप, यदि कोई व्यक्ति हमेशा नकारात्मक विचारों और भावनाओं से घिरा रहता है, तो उसके चक्रों का स्पंदन नकारात्मक दिशा में हो सकता है, जिससे शारीरिक बीमारियाँ और मानसिक असंतुलन उत्पन्न हो सकता है।

इसके विपरीत, यदि कोई व्यक्ति सकारात्मक जीवनशैली अपनाता है, जैसे कि संतुलित आहार, नियमित ध्यान, शारीरिक अभ्यास और मानसिक शांति की ओर अग्रसर होना, तो उसके चक्रों का स्पंदन सकारात्मक दिशा में होगा, जिससे उसका शारीरिक और मानसिक स्वास्थ्य सुधरेगा।

जब चक्रों में स्पंदन होते हैं, तो वे स्थूल शरीर को प्रभावित करते हैं, भले ही वे स्थूल रूप से शरीर का हिस्सा नहीं होते। चक्रों का स्पंदन शारीरिक स्वास्थ्य के लिए उतना ही महत्वपूर्ण है, जितना कि मानसिक और भावनात्मक संतुलन। जैसे, जब **मूलाधार चक्र** (Root Chakra) संतुलित होता है, तो व्यक्ति शारीरिक रूप से मजबूत और स्थिर महसूस करता है, और यदि यह चक्र अवरुद्ध या असंतुलित होता है, तो व्यक्ति को शारीरिक कमजोरी, थकान और असुरक्षा का अनुभव हो सकता है।

इसके अलावा, जब **स्वाधिष्ठान चक्र** (Sacral Chakra) असंतुलित होता है, तो व्यक्ति को यौन स्वास्थ्य में समस्याएँ और भावनात्मक असंतुलन हो सकते हैं। इस प्रकार, चक्रों का स्पंदन शारीरिक शरीर के हर पहलू पर प्रभाव डालता है, चाहे वह पाचन, रक्त संचार, या अन्य शारीरिक प्रक्रियाएँ हों।

चक्र स्पंदन का पैटर्न और आध्यात्मिक उन्नति

चक्रों का स्पंदन न केवल शारीरिक स्वास्थ्य बल्कि आध्यात्मिक उन्नति से भी जुड़ा होता है। जैसे-जैसे हम ध्यान, साधना और आत्मज्ञान की ओर अग्रसर होते हैं, हमारे चक्रों की स्पंदन की आवृत्ति उच्चतम स्तर तक पहुँचने लगती है। यह उच्च आवृत्ति का स्पंदन सूक्ष्म शरीर के भीतर दिव्य ऊर्जा और चेतना के प्रवाह को बढ़ाता है, जिससे आध्यात्मिक जागरण और आत्मा के वास्तविक स्वरूप की अनुभूति होती है।

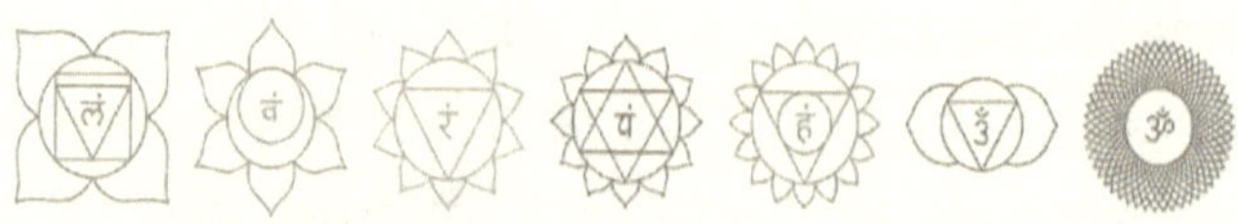

चित्र: स्पंदन के आधार पर 7 चक्रों के प्रतीक

जब हम चक्रों को जागृत करते हैं और उनके स्पंदन को उच्च आवृत्ति पर ले जाते हैं, तो हम अपने आध्यात्मिक पथ पर अधिक प्रकाश और शक्ति महसूस करते हैं। चक्रों का शुद्धिकरण और संतुलन हमें आत्मा के उच्चतम स्तर से जोड़ता है, और यह हमें जीवन के वास्तविक उद्देश्य और ब्रह्मज्ञान की ओर अग्रसर करता है।

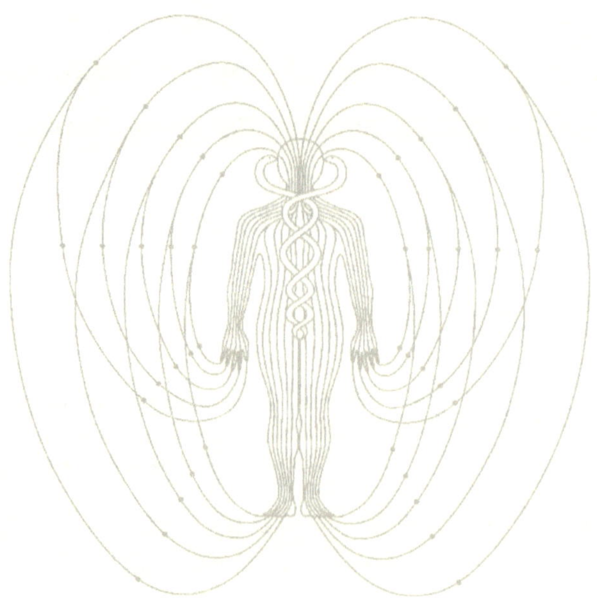

चित्र: सूक्ष्म शरीर ऊर्जा स्पंदन

अध्याय 10: मूलाधार चक्र - स्थिरता और सुरक्षा का केंद्र

हमने अब तक सूक्ष्म शरीर के बारे में चर्चा की है, जिनमें प्रत्येक चक्र का एक विशिष्ट कार्य और ऊर्जा होती है। इन चक्रों में से **मूलाधार चक्र** (Root Chakra) सबसे आधारभूत चक्र है, क्योंकि यह हमारे जीवन की आधार और स्थिरता से जुड़ा हुआ होता है। इस अध्याय में हम मूलाधार चक्र के गुण, उसकी शक्ति और उससे जुड़े शास्त्रों के संदर्भ में समझेंगे।

श्रीमन्द्रगवद्गीता (अध्याय 18, श्लोक 14) में भगवान कहते हैं:

अधिष्ठानं तथा कर्ता करणं च पृथग्विधम्।
विविधाश्च पृथक्चेष्टा दैवं चैवात्र पञ्चमम्।।

यहाँ श्री भगवान कर्म के पाँच कारणों का वर्णन करते है। इसमें शरीर(मूलाधार) को कर्म का स्थान बताया गया है, कर्ता और इंद्रियाँ भी कर्म में शामिल हैं, साथ ही चेष्टाएँ और दैव(प्रस्थिति) की भूमिका भी है।

यह चक्र शारीरिक और मानसिक स्वास्थ्य के साथ-साथ आध्यात्मिक उन्नति के लिए भी आवश्यक है। यह चक्र हमारे पुराने संस्कारों, हमारे कर्मों और जीवनशैली से प्रभावित होता है। इसके संतुलन और जागरण के द्वारा साधक अपने भौतिक जीवन में स्थिरता, शक्ति और सुरक्षा का अनुभव कर सकते हैं।

चित्र: मूलाधार चक्र प्रतीक चिन्ह

मूलाधार चक्र का स्थान और स्वभाव

मूलाधार चक्र शरीर के निचले भाग में, रीढ़ की हड्डी के आधार पर स्थित होता है। यह चक्र **मलाशय** (perineum) और **लिंग** के बीच स्थित होता है, जो शारीरिक रूप से हमारे अस्तित्व की जड़ों का प्रतिनिधित्व करता है। इस चक्र का नाम **मूल** (मूल अर्थात् मूल, जड़) और **आधार** (आधार अर्थात् नींव) से लिया गया है, जो इस चक्र की स्थिरता और सुरक्षा की प्रकृति को दर्शाता है। यह चक्र **पृथ्वी तत्व** से संबंधित है, जो स्थिरता, सुरक्षा और संजीवनी शक्ति का प्रतीक है। इसका रंग **गहरा लाल** होता है।

मूलाधार चक्र से जुड़ी ऊर्जा पृथ्वी के केंद्र से जुड़ी होती है, जो हमें स्थिरता, सुरक्षा और जीवन के प्रति गहरी प्रतिबद्धता प्रदान करती है। यह चक्र व्यक्ति की भौतिक आवश्यकता, अस्तित्व और जीवन की बुनियादी आवश्यकताओं को पूरा करने की क्षमता को भी प्रभावित करता है। यह चक्र उन भावनाओं को भी नियंत्रित करता है, जो अस्तित्व के बारे में असुरक्षा, डर, और चिंता पैदा करती हैं।

श्री ललितासहस्रनाम के एक नाम में देवी के स्थान का वर्णन "मूलाधार निलया" के रूप में किया गया है। यह चक्र स्थिरता और शक्ति का प्रतीक है, जो आत्मा के गहरे सत्य की खोज में सहायक होता है। ललिता सहस्रनाम में यह चक्र पृथ्वी तत्व के रूप में व्यक्त हुआ है, जो ब्रह्मांड में ऊर्जा के प्रवाह को नियंत्रित करता है। यह चक्र व्यक्ति को अदृश्य शक्तियों और दिव्य ज्ञान के संपर्क में लाता है, जो हमारे मानसिक और शारीरिक अस्तित्व के लिए जरूरी होते हैं।

हठयोग प्रदीपिका में भी चक्रों और उनके संचालन पर विस्तार से चर्चा की गई है। इस ग्रंथ में मूलाधार चक्र को स्थिरता और संजीवनी शक्ति के स्रोत के रूप में वर्णित किया गया है। हठयोग प्रदीपिका के अनुसार, जब इस चक्र को जागृत किया जाता है, तो व्यक्ति को न केवल शारीरिक रूप से स्थिरता मिलती है, बल्कि मानसिक और भावनात्मक रूप से भी वह मजबूत होता है।

मूलाधार चक्र के गुण और प्रभाव

मूलाधार चक्र की प्रमुख विशेषताएँ निम्नलिखित हैं:
- **स्थिरता और सुरक्षा:** यह चक्र हमारे अस्तित्व की नींव के रूप में कार्य करता है। जब यह चक्र संतुलित होता है, तो व्यक्ति में स्थिरता, आत्मविश्वास और सुरक्षा की भावना होती है। यह हमें जीवन में आगे बढ़ने की शक्ति प्रदान करता है।
- **जीवन शक्ति और ऊर्जा:** यह चक्र पृथ्वी से जुड़ी जीवन शक्ति और ऊर्जा का केंद्र है। जब यह चक्र सक्रिय होता है, तो यह हमारे शरीर में ऊर्जा के प्रवाह को संतुलित करता है और जीवन में ऊर्जा की बहार लाता है।

- **आध्यात्मिक जागृति के लिए आवश्यक**: मूलाधार चक्र की साधना और संतुलन के बिना, उच्च चक्रों को जागृत करना कठिन होता है। यह चक्र हमारे आत्मा के उच्चतम रूप में यात्रा करने के लिए आवश्यक है।

मूलाधार चक्र की साधना और जागरण

साधना कैसे करनी है, इस पर हम आगे के अध्यायों में विस्तार से समझेंगे। फिलहाल, हम चक्रों के विषय में चर्चा कर रहे हैं, ताकि आप उनके गुण और कार्य को बेहतर तरीके से समझ सकें। चक्रों की गहरी जानकारी प्राप्त करने के बाद हम साधना की विधि पर फोकस करेंगे।ं

चक्र मंत्र जाप और ध्यान: "लं" - लSम् का जाप करने से इस चक्र की शक्ति जागृत होती है और यह चक्र स्थिरता प्रदान करता है। यहाँ S दीर्घ उच्चारण चिन्ह है, स्वर को थोड़ा सा लम्बा खींचना होता है। मंत्र जाप कैसे करना है, इस पर हम आगे के चक्र साधना अध्याय में विस्तार से समझेंगे।

ग्राउंडिंग टेक्निक्स: ग्राउंडिंग या "पृथ्वी से जुड़ने" के अभ्यास, जैसे कि नंगे पांव ज़मीन पर चलना, यह चक्र को स्थिर करने में मदद करता है। जब हम अपने पैरों को पृथ्वी के साथ जोड़ते हैं, तो हमारे शरीर में ऊर्जा का प्रवाह संतुलित होता है।

मूलाधार चक्र और स्वास्थ्य

आजकल की तेज़-रफ्तार और तनावपूर्ण जीवनशैली ने स्वास्थ्य पर गहरा प्रभाव डाला है। असुरक्षा, चिंता, और भय की भावनाएँ आजकल बहुत आम हैं। जब हम किसी तनावपूर्ण परिस्थिति का सामना करते हैं,

तो हमारा मन और शरीर असंतुलित हो जाते हैं। यही वह समय होता है जब हमारे **मूलाधार चक्र** का असंतुलन उत्पन्न हो सकता है। इस असंतुलन के कारण व्यक्ति में शारीरिक और मानसिक समस्याएं उत्पन्न होती हैं। जब मूलाधार चक्र असंतुलित होता है, तो इसके कुछ स्पष्ट संकेत होते हैं:

- **चिंता और डर**: अगर व्यक्ति को लगातार असुरक्षा और चिंता का अनुभव होता है, तो यह मूलाधार चक्र के असंतुलन का संकेत होता है।
- **शारीरिक कमजोरी**: अगर व्यक्ति में शारीरिक रूप से थकावट, कमजोरी या दर्द की समस्या होती है, तो यह भी मूलाधार चक्र के असंतुलित होने का परिणाम होता है।
- **नींद की समस्याएँ**: असुरक्षा की भावना के कारण व्यक्ति को नींद में परेशानी हो सकती है। यह चक्र असंतुलित होने का एक सामान्य लक्षण है।
- **आत्मविश्वास की कमी**: जब व्यक्ति में आत्मविश्वास की कमी होती है और वह अपने जीवन के उद्देश्यों के प्रति असंवेदनशील हो जाता है, तो यह भी मूलाधार चक्र के असंतुलन को दर्शाता है।

मूलाधार चक्र की साधना के लाभ

जब यह चक्र संतुलित होता है, तो व्यक्ति आत्मविश्वास और स्थिरता महसूस करता है। मानसिक स्वास्थ्य विशेषज्ञों का मानना है कि मानसिक असंतुलन और चिंता को दूर करने के लिए, हमें अपनी जड़ों से जुड़ने की आवश्यकता होती है। यह वही कार्य है, जिसे मूलाधार को संतुलित करने में मदद करता है।

न्यूरोसाइंस ने भी यह सिद्ध किया है कि जब हमारा मस्तिष्क भावनात्मक और मानसिक रूप से असंतुलित होता है, तो वह शारीरिक

समस्याओं को जन्म देता है। ये समस्याएं जैसे, हृदय रोग, पाचन समस्याएँ, और उच्च रक्तचाप, सीधे तौर पर हमारे मूलाधार चक्र से जुड़ी होती हैं। इसलिए, मानसिक और शारीरिक स्वास्थ्य के बीच संबंध को समझते हुए, हम कह सकते हैं कि मूलाधार चक्र के संतुलन से मानसिक शांति और शारीरिक स्वास्थ्य में सुधार हो सकता है।

यह चक्र पृथ्वी से जुड़े हुए हमारे पहले संपर्क बिंदु के रूप में कार्य करता है। यह हमें न केवल शारीरिक रूप से स्थिरता प्रदान करता है, बल्कि मानसिक रूप से भी हमें "पृथ्वी से जुड़ा हुआ" महसूस कराता है।

1. **शारीरिक स्वास्थ्य में सुधार**: जैसे शरीर में शक्ति, आत्मविश्वास और जीवन ऊर्जा का संचार होता है।

2. **मानसिक शांति**: इस चक्र की साधना से तनाव और चिंता कम होती है। भावनात्मक रूप से अधिक स्थिर और संतुलित महसूस करता है।

अध्याय 11: स्वाधिष्ठान चक्र - रचनात्मकता और संवेगों का केंद्र

पिछले अध्याय में हमने मूलाधार चक्र की गहराई से चर्चा की थी। अब हम स्वाधिष्ठान चक्र (Sacral Chakra) की ओर अग्रसर होंगे। इस अध्याय में हम स्वाधिष्ठान चक्र के गुण, उसकी शक्ति और उससे जुड़े शास्त्रों के संदर्भ में समझेंगे। स्वाधिष्ठान चक्र हमारी रचनात्मकता, संवेदनाएँ और व्यक्तिगत संबंधों का प्रतीक है। यह चक्र हमारी भावनाओं, इच्छा, संतुलन और रिश्तों के साथ गहरे तरीके से जुड़ा होता है। जब यह चक्र संतुलित होता है, तो यह व्यक्ति को आंतरिक शांति और जीवन में खुशी का अनुभव कराता है।

श्रीमन्द्भगवद्गीता (अध्याय 2, श्लोक 70):

आपूर्यमाणमचलप्रतिष्ठं समुद्रमापः प्रविशन्ति यद्वत्।
तद्वत्कामा यं प्रविशन्ति सर्वे स शान्तिमाप्नोति न कामकामी।।

इस श्लोक में श्री भगवान सांसारिक संयम के महत्त्व पर प्रकाश डालते हुए बोलते हैं - जिस प्रकार समुद्र में प्रवाहित होने वाली नदियाँ अपनी दिशा और स्थिति में रहते हुए भी उस विशाल जल में समाहित हो जाती हैं, वैसे ही सभी इच्छाएँ व्यक्ति के भीतर समाहित हो जाती हैं, जो व्यक्ति इच्छाओं से बंधा नहीं होता है, वही व्यक्ति शांति को प्राप्त करता है।

स्वाधिष्ठान चक्र का स्थान और स्वभाव

स्वाधिष्ठान चक्र शरीर के निचले हिस्से में, नाभि के नीचे, और जननांगों के पास स्थित होता है। यह चक्र शारीरिक और मानसिक रूप से हमारे रचनात्मक और भावनात्मक स्वभाव का प्रतिनिधित्व करता है। इसका नाम "स्व" (स्वार्थ, स्वयं) और "अधिष्ठान" (आधार या केंद्र) से लिया गया है, जो इस चक्र की रचनात्मक और भावनात्मक शक्ति को दर्शाता है। यह चक्र जल तत्व से संबंधित है, जो परिवर्तन, लचीलापन और अनुकूलन की शक्ति का प्रतीक है। इसका रंग **केसरिया** (Orange - लाल और पीले के बीच) होता है।

स्वाधिष्ठान चक्र से जुड़ी ऊर्जा जल से जुड़ी होती है, जो जीवन में लचीलापन और संतुलन लाती है। यह चक्र हमारी संवेदनाओं, इच्छाओं और व्यक्तिगत संबंधों को प्रभावित करता है। जब यह चक्र सक्रिय होता है, तो यह हमारे जीवन में रचनात्मकता, आनंद और संतुष्टि का अनुभव कराता है। यह चक्र उन भावनाओं को भी नियंत्रित करता है, जो भय, क्रोध, और संकोच से उत्पन्न होती हैं।

चित्र: स्वाधिष्ठान चक्र प्रतीक चिन्ह

हठयोग प्रदीपिका ग्रंथ में स्वाधिष्ठान चक्र को शारीरिक सुख और मानसिक संतुलन के स्रोत के रूप में वर्णित किया गया है। हठयोग प्रदीपिका के अनुसार, जब इस चक्र को जागृत किया जाता है, तो व्यक्ति के जीवन में आनंद और प्रेम की भावना बढ़ती है, और वह अपने व्यक्तिगत संबंधों में भी सामंजस्य स्थापित कर पाता है।

स्वाधिष्ठान चक्र विशेषताएँ

• **रचनात्मकता और निर्माण:** यह चक्र हमारी रचनात्मक ऊर्जा का केंद्र है। जब यह चक्र संतुलित होता है, तो व्यक्ति में नई योजनाओं, विचारों और संभावनाओं का जन्म होता है। यह चक्र कला, लेखन, और संगीत जैसे रचनात्मक कार्यों को प्रभावित करता है।

• **भावनात्मक संतुलन और सामंजस्य:** यह चक्र हमारी भावनाओं और इच्छाओं का नियंत्रण करता है। जब यह चक्र सक्रिय होता है, तो व्यक्ति भावनात्मक रूप से संतुलित और शांत रहता है और व्यक्ति अपने रिश्तों में सामंजस्य और प्रेम की भावना महसूस करता है।

स्वाधिष्ठान चक्र गुणधर्म

स्वाधिष्ठान चक्र की साधना के विभिन्न तरीकों के बारे में हम आगे के अध्यायों में विस्तार से समझेंगे। फिलहाल, इस चक्र के गुण और कार्य को बेहतर तरीके से समझने की कोशिश करेंगे। चक्रों की गहरी जानकारी प्राप्त करने के बाद हम साधना की विधि पर ध्यान केंद्रित करेंगे।

• **मंत्र जाप और ध्यान:** "वं " - वSम् (Vam) का जाप करने से इस चक्र

की शक्ति जागृत होती है। मंत्र जाप की विधि पर हम आगे के अध्याय में विस्तार से समझेंगे। ध्यान के माध्यम से इस चक्र के स्पंदन को बढ़ाया जा सकता है। व्यक्ति को अपने ध्यान को इस चक्र पर केंद्रित करना चाहिए और रचनात्मकता और संतुलन की भावना को महसूस करना चाहिए।

स्वाधिष्ठान चक्र और स्वास्थ्य

असंतुलित स्वाधिष्ठान चक्र के कारण व्यक्ति में अवसाद, अशांति और रचनात्मकता की कमी हो सकती है। स्वाधिष्ठान चक्र के असंतुलन से जुड़े कुछ संकेत हैं:

• **भावनात्मक असंतुलन:** अगर व्यक्ति को अत्यधिक गुस्सा, अवसाद, या चिंता का अनुभव होता है, तो यह स्वाधिष्ठान चक्र के असंतुलन का संकेत हो सकता है।

• **रचनात्मकता की कमी:** जब व्यक्ति अपने विचारों और रचनात्मकता में अटकता है, तो यह चक्र असंतुलित होने का संकेत हो सकता है।

• **निजी संबंधों में समस्याएँ:** अगर व्यक्ति को रिश्तों में असमंजस और अशांति का सामना करना पड़ता है, तो यह भी स्वाधिष्ठान चक्र के असंतुलन का परिणाम हो सकता है। अपनी दिनचर्या में कला और संगीत से जुड़ना इस चक्र को जागृत करने में मदद करता है।

अध्याय 12: मणिपुर चक्र - आत्मविश्वास और शक्ति का स्रोत

स्वाधिष्ठान चक्र के बाद अगला चक्र मणिपुर चक्र है, जो शरीर के मध्य भाग में, नाभि के पास स्थित होता है। यह चक्र हमारी आंतरिक शक्ति, आत्मविश्वास, और इच्छा शक्ति से संबंधित है। मणिपुर चक्र को "सोलर प्लेक्सस चक्र" भी कहा जाता है, क्योंकि यह सूर्य की ऊर्जा से जुड़ा हुआ होता है। इस अध्याय में हम मणिपुर चक्र की शक्तियों, शास्त्रों में इसके महत्व, और इस चक्र को जागृत करने के उपायों के बारे में जानेंगे।

श्रीमन्द्रगवद्द्रीता (अध्याय 15, श्लोक 14):

अहं वैश्वानरो भूत्वा प्राणिनां देहमाश्रितः।
प्राणापानसमायुक्तः पचाम्यन्नं चतुर्विधम्।।

श्री भगवान उवाच - मैं वैश्वानर (मणिपुर चक्र पर अग्नि तत्व) रूप से प्रकट होकर, प्राणियों के शरीर में स्थित होता हूँ। प्राण और अपान वायु से समायुक्त होकर, मैं चतुर्विध अन्न (चार प्रकार के अन्न) को पचाता हूँ।

मणिपुर चक्र का स्थान और स्वभाव

मणिपुर चक्र शरीर के नाभि क्षेत्र में स्थित होता है और यह अग्नि तत्व से संबंधित है। अग्नि तत्व ऊर्जा, परिवर्तन और स्फूर्ति का प्रतीक है। यह चक्र हमारी इच्छाओं, उद्देश्यों और महत्वाकांक्षाओं को नियंत्रित करता है। मणिपुर चक्र की शक्ति सूर्य की ऊर्जा से मिलती है, और यह सूर्य के

समान उज्ज्वल, गर्म और सशक्त होता है। इसका रंग सरसों के फूल के जैसा चमकदार पीला (Bright Yellow) होता है।

इस चक्र का नाम "मणि" (रत्न) और " पुर" (नगर) से लिया गया है, जो इस चक्र की आंतरिक शक्ति और ऊर्जा को दर्शाता है। जब यह चक्र सक्रिय होता है, तो यह व्यक्ति में आत्मविश्वास, इच्छाशक्ति, और शक्ति का संचार करता है। यह चक्र हमें अपनी क्षमता को पहचानने और उसे प्रभावी तरीके से उपयोग करने का मार्ग दिखाता है।

चित्र: मणिपुर चक्र प्रतीक चिन्ह

श्रीभगवदगीता में, श्री कृष्ण ने आत्मविश्वास और शक्ति के महत्व पर कई स्थानों पर प्रकाश डाला है। मणिपुर चक्र का सीधा संबंध हमारी इच्छाशक्ति और शक्ति से है। इस प्रकार, मणिपुर चक्र का सही तरीके से जागरण हमें जीवन के प्रत्येक क्षेत्र में सफलता की ओर मार्गदर्शन करता है।

हठयोग प्रदीपिका में भी मणिपुर चक्र के बारे में चर्चा की गई है। इस ग्रंथ के अनुसार, मणिपुर चक्र का जागरण व्यक्ति को आत्म-निर्भर और साहसी बनाता है। यह चक्र आत्म-संयम, इच्छाशक्ति, और शक्ति का प्रतीक है, जो हमें जीवन में कठिनाइयों से निपटने के लिए आवश्यक मानसिक और शारीरिक बल प्रदान करता है।

मणिपुर चक्र के गुण और प्रभाव

• **आत्मविश्वास और शक्ति:** यह चक्र हमारी आत्मविश्वास और आंतरिक शक्ति का स्रोत है। जब यह चक्र सक्रिय होता है, तो व्यक्ति अपने लक्ष्य को प्राप्त करने में सक्षम होता है।

• **इच्छाशक्ति और निर्णय क्षमता:** यह चक्र हमें निर्णय लेने की शक्ति और मानसिक स्पष्टता प्रदान करता है। जब यह चक्र संतुलित होता है, तो व्यक्ति किसी भी स्थिति में सही निर्णय लेने में सक्षम होता है।

• **आत्म-संयम और आत्म-नियंत्रण:** मणिपुर चक्र का जागरण हमें आत्म-नियंत्रण और संयम सिखाता है। यह चक्र हमें आंतरिक शक्ति और धैर्य प्रदान करता है, जिससे हम जीवन के चुनौतियों का सामना कर सकते हैं।

• **सफलता और उपलब्धि:** मणिपुर चक्र के सक्रिय होने से व्यक्ति अपने लक्ष्यों को प्राप्त करने के लिए प्रेरित होता है। यह चक्र सफलता की ओर मार्गदर्शन करता है और हमें अपने प्रयासों में सफलता प्राप्त करने की ऊर्जा देता है।

मणिपुर चक्र जागरण

• **मंत्र जाप:** " रं " – रSम् (Ram) का जाप करने से इस चक्र की शक्ति जागृत होती है। यह मंत्र हमें आंतरिक शक्ति और आत्मविश्वास प्रदान करता है।

• **आत्म-चिंतन और ध्यान:** मणिपुर चक्र का जागरण आत्म-चिंतन और ध्यान से भी होता है। व्यक्ति को इस चक्र पर ध्यान केंद्रित करके अपनी शक्ति और आत्मविश्वास को महसूस करना चाहिए।

मणिपुर चक्र और स्वास्थ्य

जब यह चक्र असंतुलित होता है, तो व्यक्ति में कमजोरी, आत्मविश्वास की कमी, और इच्छाशक्ति की कमी हो सकती है। यह चक्र शारीरिक रूप से पेट, हृदय, और यकृत के कार्यों को प्रभावित करता है, और यदि यह असंतुलित होता है, तो पेट संबंधित समस्याएँ, जैसे गैस, कब्ज़, और पाचन समस्याएँ उत्पन्न हो सकती हैं।

अध्याय 13: अनाहत चक्र - प्रेम और संतुलन का केंद्र

मणिपुर चक्र के बाद अगला चक्र अनाहत चक्र है, जो हृदय क्षेत्र में स्थित होता है। यह चक्र हमारे प्रेम, करुणा, और मानसिक संतुलन से जुड़ा हुआ है। अनाहत चक्र को "हृदय चक्र" भी कहा जाता है, क्योंकि यह शारीरिक और मानसिक दृष्टि से हमारे हृदय और भावनाओं के केंद्र से संबंधित होता है। विज्ञान ने पाया है कि दिल में लगभग 40,000 न्यूरॉन्स होते हैं, जो इसे अपने तरीके से सोचने और निर्णय लेने में सक्षम बनाते हैं। इसे "हार्ट ब्रेन" कहा जाता है। इस अध्याय में हम अनाहत चक्र की शक्तियों, इसके महत्व, और इसे जागृत करने के उपायों पर चर्चा करेंगे।

श्रीमद्भगवद्गीता (अध्याय 12, श्लोक 13):

अद्वेष्टा सर्वभूतानां मैत्रः करुण एव च।
निर्ममो निरहङ्कारः समदुःखसुखः क्षमी।।

श्री भगवान उवाच - जो सभी प्राणियों के प्रति द्वेषरहित, मैत्रीपूर्ण और करुणामयी है, जो ममता और अहंकार से रहित है, जो सुख-दुःख में सम है और जो क्षमाशील है, वही व्यक्ति उत्तम भक्त है। अर्थात हृदय चक्र को जागृत करने के साधक स्वभाव ऐसा होना चाहिए।

अनाहत चक्र का स्थान और स्वभाव

अनाहत चक्र शरीर के मध्य भाग में, हृदय के पास स्थित होता है। यह चक्र वायु तत्व से संबंधित है, जो स्वतंत्रता, गति और सामंजस्य का

प्रतीक है। अनाहत चक्र का नाम संस्कृत शब्द "अनाहत" से लिया गया है, जिसका अर्थ है "अस्पर्शित" या "अनाघात"। "अनाहत" का शाब्दिक अर्थ है ऐसा ध्वनि स्रोत जो बिना दो वस्तुओं के टकराने से उत्पन्न होता है। इसे आध्यात्मिक दृष्टि से "दिव्य नाद" या "आकाशीय ध्वनि" के रूप में समझा जाता है, जो चेतना के सूक्ष्म स्तर पर सुनी जाती है। यह चक्र हमें अपने भीतर प्रेम और सहिष्णुता को जागृत करने का मार्गदर्शन करता है।

अनाहत चक्र के गुण

• **प्रेम और करुणा:** यह चक्र हमारी प्रेम और करुणा की ऊर्जा का स्रोत है। जब यह चक्र सक्रिय होता है, तो व्यक्ति अपने परिवार, मित्रों और समाज के प्रति अधिक स्नेह और दया का अनुभव करता है।

• **आध्यात्मिक जागृति:** यह चक्र हमें आत्म-प्रेम और आत्म-संवेदनशीलता का एहसास कराता है। इसके जागरण से व्यक्ति अपने आध्यात्मिक पथ पर आगे बढ़ता है।

• **साक्षात्कार और साक्षात्कार:** यह चक्र हमें अपने भीतर के साक्षात्कार को पहचानने और अनुभव करने की क्षमता प्रदान करता है। यह चक्र हमारे आत्मज्ञान की ओर मार्गदर्शन करता है।

चित्र: अनाहत चक्र प्रतीक चिन्ह

अनाहत जागरण

अनाहत चक्र को जागृत करने के लिए कुछ नियमों का पालन किया जा सकता है और इसके लाभों का अनुभव कर सकते हैं।

• **मंत्र जाप:** " यं" - यSम् (Yam) का जाप करने से इस चक्र की शक्ति जागृत होती है। यह मंत्र हमें प्रेम और संतुलन की ऊर्जा प्रदान करता है। अनाहत चक्र का जागरण आत्म-चिंतन और ध्यान से भी होता है।

• **सकारात्मक सोच और आत्म-प्रेम:** आत्म-प्रेम और सकारात्मक सोच का अभ्यास करना अनाहत चक्र को जागृत करने में सहायक होता है। जब साधक अपने प्रति प्रेम और सम्मान का अनुभव करता है, तो यह चक्र सक्रिय होता है।

अनाहत चक्र और स्वास्थ्य

अनाहत चक्र का असंतुलन है, तो व्यक्ति में प्रेम और करुणा की कमी हो सकती है, और वह मानसिक तनाव, चिंता, और अवसाद का शिकार हो सकता है। अनाहत चक्र के असंतुलन से जुड़े कुछ संकेत हैं:

भावनात्मक असंतुलन: व्यक्ति में लगातार चिंता, डर, और अकेलापन महसूस होना।

सामाजिक संबंधों में समस्या: दूसरों के साथ संबंधों में कठिनाई महसूस होना, और सामाजिक जीवन में संघर्ष होना।

हृदय संबंधित समस्याएँ: इस चक्र का असंतुलन हृदय और रक्त संचार से जुड़ी समस्याओं को उत्पन्न कर सकता है।

भावनाओं में अस्थिरता: अत्यधिक भावनात्मक प्रतिक्रियाएँ, जैसे अवसाद, निराशा, और गुस्सा।

अनाहत चक्र को संतुलित करने के लिए कुछ उपाय:
1. **प्रेम और करुणा का अभ्यास:** स्वयं और दूसरों के प्रति प्रेम और करुणा का अभ्यास करना चाहिए।
2. **सकारात्मक मानसिकता और ध्यान**
3. **सामाजिक संबंधों को मजबूत करना:** अपने सामाजिक संबंधों को सशक्त बनाना और दूसरों के साथ सामंजस्यपूर्ण संबंध रखना।

अध्याय 14: विशुद्धि चक्र - सत्य और संवाद का केंद्र

अनाहत चक्र के बाद अगला चक्र विशुद्धि चक्र है, यह चक्र हमारे संचार, सत्य और आत्म-अभिव्यक्ति से जुड़ा हुआ है। विशुद्धि चक्र को "Throat Chakra" भी कहा जाता है। यह चक्र स्वयं के भीतर छिपे सत्य को व्यक्त करने की प्रक्रिया का प्रतिनिधित्व करता है। इस अध्याय में हम विशुद्धि चक्र के महत्व, इसके प्रभाव, और इसे जागृत करने के उपायों पर चर्चा करेंगे।

श्रीमन्द्भगवद्गीता (अध्याय 10, श्लोक 22):

वेदानां सामवेदोऽस्मि देवानामस्मि वासवः।
इन्द्रियाणां मनश्चास्मि भूतानामस्मि चेतना ॥

यह श्लोक विशुद्धि चक्र की ऊर्जा को सत्य की अभिव्यक्ति से जोड़ता है। भगवान श्री कृष्ण यह कहते हैं कि वे वेदों में सामवेद के रूप में, देवताओं में इन्द्र के रूप में, इन्द्रियों में मन के रूप में और सभी प्राणियों में चेतना के रूप में स्थित हैं। भगवान के श्रेष्ठतम - शुद्धतम रूप में विद्यमान होने को व्यक्त करता है।

विशुद्धि चक्र का स्थान और स्वभाव

विशुद्धि चक्र शरीर के गले के क्षेत्र में स्थित होता है, जो श्वास और संवाद के प्रमुख मार्ग हैं। यह चक्र आकाश तत्व से संबंधित है, जो निराकारता, शांति और विस्तार का प्रतीक है। यह चक्र हमें आत्म-विश्वास, स्पष्टता और व्यक्तिगत सत्य को पहचानने का अवसर प्रदान करता है।

श्रीमद्भगवद्गीता के अनुसार, जब व्यक्ति अपने भीतर के सत्य से मेल खाता है और उसे बाहर व्यक्त करता है, तो वह आध्यात्मिक पथ पर आगे बढ़ता है। विशुद्धि चक्र हमें अपने भीतर के सत्य को पहचानने और उसे बिना किसी भय या संकोच के व्यक्त करने की शक्ति देता है। यह चक्र हमारी आंतरिक आवाज और बाहरी अभिव्यक्ति के बीच सामंजस्य स्थापित करने में मदद करता है।

चित्र: विशुद्धि चक्र प्रतीक चिन्ह

विशुद्धि चक्र के गुण और प्रभाव

• **आत्म-अभिव्यक्ति:** यह चक्र हमें अपने विचारों, भावनाओं और विश्वासों को स्वतंत्र रूप से व्यक्त करने की क्षमता प्रदान करता है।

• **सत्य और स्पष्टता:** विशुद्धि चक्र का जागरण हमें अपने जीवन में सत्य को स्वीकारने और उसे स्पष्ट रूप से व्यक्त करने में मदद करता है।

• **संवाद और निर्णय क्षमता:** इस चक्र के सक्रिय होने से व्यक्ति की संवाद क्षमता में वृद्धि होती है, और वह प्रभावी और सशक्त तरीके से अपनी बात रखता है। यह चक्र व्यक्ति को स्पष्ट सोच और सही निर्णय लेने की क्षमता प्रदान करता है।

विशुद्धि चक्र की साधना

विशुद्धि चक्र की ऊर्जा जागृत करने के लिए कुछ साधनाएँ की जा सकती है, जैसे:

• **मंत्र जाप:** " हं " - हSम् (Ham) का जाप करने से इस चक्र की शक्ति जागृत होती है। यह मंत्र गले के क्षेत्र में शुद्धता और स्पष्टता को बढ़ाता है।

• **सकारात्मक संवाद और आत्म-अभिव्यक्ति:** स्वयं को और दूसरों को सत्य और प्रेम से व्यक्त करने का अभ्यास करना चाहिए। यह चक्र तभी जागृत होता है जब साधक अपने विचारों और भावनाओं को सत्य व्यक्त करता है।

विशुद्धि चक्र और स्वास्थ्य

जब यह चक्र असंतुलित होता है, तो व्यक्ति में संचार की समस्या, डर, अविश्वास और आत्म-संकोच की भावना उत्पन्न हो सकती है। विशुद्धि चक्र के असंतुलन से जुड़े कुछ संकेत हैं: **कमजोर संवाद क्षमता** -व्यक्ति को अपनी भावनाओं और विचारों को व्यक्त करने में कठिनाई महसूस होना। **गले की समस्याएँ** जैसे गले में सूजन, खांसी, या आवाज की कमी। व्यक्ति में निरंतर डर, संकोच, और असमर्थता का अनुभव होना।

विशुद्धि चक्र को संतुलित करने के लिए कुछ उपाय:

1. सत्य बोलने का अभ्यास, सकारात्मक संवाद, ध्यान और प्राणायाम
2. स्वयं से सच्चे और ईमानदार रहने की कोशिश करें, ताकि आप अपनी आंतरिक आवाज को सही ढंग से व्यक्त कर सकें।

विशुद्धि चक्र के जागरण के लाभ

स्वतंत्रता और आत्म-निर्णय: इस चक्र के जागरण से व्यक्ति अपने विचारों और भावनाओं को स्वतंत्र रूप से व्यक्त करने में सक्षम होता है।

सच्चाई और शुद्धता: व्यक्ति अपने जीवन में सच्चाई और शुद्धता को स्वीकार करता है, जिससे आंतरिक शांति और संतुलन मिलता है।

संवाद में सुधार: इस चक्र के जागरण से व्यक्ति की संवाद क्षमता में सुधार होता है, और वह दूसरों के साथ प्रभावी रूप से संवाद करता है।

अध्याय 15: आज्ञा चक्र - ज्ञान और अंतर्दृष्टि का केंद्र

आज्ञा चक्र, जिसे "तीसरी आंख (Third Eye)" भी कहा जाता है। यह चक्र मानसिकता, आत्म-ज्ञान, और अंतर्दृष्टि से जुड़ा हुआ है। आज्ञा चक्र को "ज्ञान का चक्र" माना जाता है, क्योंकि यह हमारी मानसिक स्पष्टता, ध्यान और अंतर्दृष्टि को प्रकट करने का मार्ग प्रदान करता है। इस अध्याय में हम आज्ञा चक्र के महत्व, इसके प्रभाव, और इसे जागृत करने के उपायों पर चर्चा करेंगे।

आज्ञा चक्र के स्थान को पीनियल ग्रंथि (Pineal Gland) से जोड़ा जाता है। वैज्ञानिक शोध इसे हमारे जैविक घड़ी (Biological Clock) और शरीर में मेलाटोनिन हार्मोन के नियंत्रण का केंद्र मानते हैं। यह ग्रंथि हमारी नींद, जागरूकता, और मानसिक स्थिरता को प्रभावित करती है।

ध्यान और ध्यान केंद्रित करने से इस ग्रंथि की सक्रियता बढ़ती है, जिससे मेलाटोनिन का उत्पादन बढ़ता है, जो गहरी नींद, मानसिक संतुलन और अंतर्ज्ञान को बढ़ावा देता है। आज्ञा चक्र पर ध्यान केंद्रित करने से न केवल आत्म-ज्ञान का मार्ग प्रशस्त होता है, बल्कि यह न्यूरोलॉजिकल और मानसिक स्वास्थ्य के सुधार में भी सहायक हो सकता है। इसे 'ब्रेनवेव पैटर्न' को स्थिर करने और उच्चतर मानसिक क्षमताओं को जागृत करने का केंद्र माना गया है।

श्रीमन्द्रगवद्द्रीता (अध्याय 6, श्लोक 13):

समं कायशिरोग्रीवं धारयन्नचलं स्थिरः।
सम्प्रेक्ष्य नासिकाग्रं स्वं दिशश्चानवलोकयन्।।

यह श्लोक ध्यान की स्थिति और ध्यान के अभ्यास के बारे में है, जहाँ श्री भगवान साधक को आज्ञा चक्र पर ध्यान केंद्रित करने का निर्देश देते है, जो विवेक और ज्ञान का द्वार है।

आज्ञा चक्र का स्थान और स्वभाव

आज्ञा चक्र का स्थान दोनों आँखों के बीच, मस्तिष्क के मध्य में होता है, और यह हमारे मन, विचार और चेतना के केंद्र से जुड़ा होता है। यह चक्र आत्म-ज्ञान और मानसिक संतुलन का प्रतीक है। आज्ञा चक्र का मुख्य उद्देश्य हमें आंतरिक ज्ञान और मानसिक दृष्टिकोण प्रदान करना है। इसका रंग गहरा नीला या जामुनी, जो आध्यात्मिकता और ज्ञान का प्रतीक है।

वेदों और उपनिषदों में आज्ञा चक्र का महत्वपूर्ण स्थान है, जहां इसे आत्म-ज्ञान और उच्चतम चेतना का केंद्र माना गया है। श्रीमद्भगवद्गीता में भी, श्री कृष्ण ने ज्ञान और ध्यान के महत्व को बताया है, जो आज्ञा चक्र के माध्यम से प्राप्त होता है। जब मनुष्य आत्म-साक्षात्कार और मानसिक स्पष्टता की ओर अग्रसर होता है, तब वह आज्ञा चक्र को जागृत करता है। यह चक्र हमें आत्म-निर्भर और उच्चतर स्तर की मानसिकता प्राप्त करने का अवसर प्रदान करता है।

चित्र: आज्ञा चक्र प्रतीक चिन्ह

आज्ञा चक्र का प्रतीक 'दो पंखुड़ियों वाला कमल' है, जो द्वैत (Duality) और अद्वैत के बीच की स्थिति को दर्शाता है।

आज्ञा चक्र का सीधा संबंध सुषुम्ना नाड़ी से है, जो ऊर्जा प्रवाह का मुख्य मार्ग है। यह चक्र सुषुम्ना नाड़ी के ऊपरी भाग में स्थित होता है और जब ऊर्जा इस मार्ग से प्रवाहित होती है, तो साधक को दिव्य चेतना का अनुभव होता है। ध्यान और प्राणायाम के अभ्यास से यह ऊर्जा 'कुंडलिनी शक्ति' के रूप में जाग्रत होकर आज्ञा चक्र से गुजरती है। इसे आध्यात्मिक उन्नति का मुख्य पड़ाव माना गया है, जहाँ साधक को ब्रह्मांडीय ज्ञान और आत्म-प्रकाश का अनुभव होता है। यह चक्र 'त्रिकालदर्शी दृष्टि' का प्रतीक है, जो भूत, भविष्य, और वर्तमान को एक समान रूप से देखने की क्षमता प्रदान करता है।

जब आज्ञा चक्र जागृत होता है, तो साधक को दिव्य प्रकाश और ध्वनि का अनुभव हो सकता है। इसे 'दिव्य दृष्टि' और 'आकाशवाणी' के रूप में वर्णित किया गया है, जो आत्मा के गहन रहस्यों को उजागर करती है। यह स्थिति चेतना के उच्चतम स्तर की ओर प्रेरित करती है।

आज्ञा चक्र जागरण प्रभाव

आत्म-ज्ञान: आज्ञा चक्र व्यक्ति को आत्म-ज्ञान और मानसिक स्पष्टता का अनुभव कराता है, जिससे वह अपने उच्चतम स्वरूप से जुड़ता है।

संज्ञानात्मक क्षमता: यह चक्र हमारी संज्ञानात्मक क्षमता को बढ़ाता है, जिससे साधक चीजों को स्पष्ट और गहरे स्तर पर समझने में सक्षम होते हैं।

समझ और ध्यान: आज्ञा चक्र के जागरण से व्यक्ति को गहरी समझ और मानसिक ध्यान की क्षमता प्राप्त होती है।

अंतर्दृष्टि: यह चक्र व्यक्ति को जीवन के गहरे अर्थ और उद्देश्य को समझने की शक्ति प्रदान करता है।

आज्ञा चक्र की साधना

आज्ञा चक्र को जागृत करने के लिए कुछ विशेष साधनाएँ की जाती हैं, जिनके माध्यम से हम इस चक्र की ऊर्जा को सक्रिय कर सकते हैं।

• **मंत्र जाप:** "ॐ" (Aum) का जाप करने से इस चक्र की शक्ति जागृत होती है। यह मंत्र मानसिक स्पष्टता और जागरूकता को बढ़ाता है।

• **ध्यान और आत्म-चिंतन:** आज्ञा चक्र का जागरण ध्यान और आत्म-चिंतन से भी होता है। ध्यान के दौरान, व्यक्ति को दोनों आँखों के बीच पर ध्यान केंद्रित करना चाहिए ।

• **साक्षात्कार और ज्ञान:** आज्ञा चक्र के जागरण से व्यक्ति को आत्म-साक्षात्कार और उच्चतम ज्ञान की प्राप्ति होती है।

आज्ञा चक्र और स्वास्थ्य

आज्ञा चक्र का असंतुलन मानसिक और शारीरिक स्वास्थ्य पर नकारात्मक प्रभाव डाल सकता है। जब यह चक्र असंतुलित होता है, तो व्यक्ति को मानसिक भ्रम, अनिश्चितता और आत्म-संकोच की भावना हो सकती है।

आज्ञा चक्र के असंतुलन से जुड़े कुछ संकेत हैं:

मानसिक भ्रम: व्यक्ति को अपनी सोच और निर्णय में स्पष्टता की कमी महसूस होती है।

अस्थिरता: मानसिक स्थिरता की कमी, जिससे जीवन में अनिश्चितता और भ्रम उत्पन्न होता है।

दृष्टिहीनता: व्यक्ति अपने जीवन के उद्देश्य और दिशा को स्पष्ट रूप से नहीं देख पाता।

आज्ञा चक्र को संतुलित करने के लिए कुछ उपाय:
1. **सकारात्मक सोच:** हमेशा सकारात्मक और स्पष्ट सोच को अपनाने की कोशिश करें।

2. **योग और प्राणायाम:** मानसिक स्पष्टता और ध्यान के लिए नियमित योग और प्राणायाम का अभ्यास करें।

3. **ध्यान केंद्रित करना:** अपनी तीसरी आंख पर ध्यान केंद्रित करें और गहरी आत्म-चिंतन की प्रक्रिया अपनाएं।

4. **स्वयं को समझना:** अपने भीतर के सत्य और उद्देश्य को पहचानने का प्रयास करें, ताकि आप अपने जीवन को सही दिशा में आगे बढ़ा सकें।

अध्याय 16: सहस्त्रार चक्र - आत्मिक जागृति का शिखर

सहस्त्रार चक्र, जिसे "क्राउन चक्र" या "सातवां चक्र" कहा जाता है, मानव शरीर के शीर्ष पर स्थित होता है। यह चक्र दिव्य चेतना और आत्मिक उन्नति का प्रतीक है, जो शारीरिक और मानसिक रूप से अनुभव नहीं किया जा सकता। सहस्त्रार चक्र का अनुभव व्यक्तिगत होता है और यह हर व्यक्ति के मार्ग के अनुसार भिन्न हो सकता है। इसे समझने के लिए किसी प्रकार की भौतिक व्याख्या नहीं दी जा सकती, क्योंकि यह केवल उस व्यक्ति के अनुभव से संबंधित होता है, जिसने इसे भोगा है।

चित्र: सहस्त्रार चक्र प्रतीक चिन्ह

सहस्रार चक्र और उसकी वास्तविकता

सहस्रार चक्र का सबसे महत्वपूर्ण पहलू यह है कि इसे सक्रिय करने के लिए कोई विशेष साधना या प्रयास करने की आवश्यकता नहीं है। जब कोई व्यक्ति **आज्ञा चक्र** तक पहुंचता है और उसकी चेतना जाग्रत होती है, तो वह अपने आप ही सहस्रार चक्र की ओर अग्रसर होता है। **आज्ञा चक्र से बिन्दु** और फिर **सहस्रार चक्र** की ओर गति स्वाभाविक रूप से होती है, जब व्यक्ति के भीतर आत्मा की गहरी जागृति होती है।

इस प्रक्रिया में कोई बाहरी साधना की आवश्यकता नहीं होती, क्योंकि यह चेतना का एक स्वाभाविक विस्तार होता है। जब व्यक्ति **आज्ञा चक्र** तक पहुंचता है, तो उसे अपने अनुभवों और गुरु परंपरा के माध्यम से सहस्रार चक्र की दिशा का बोध होने लगता है। सहस्रार चक्र की ओर यह मार्गदर्शन व्यक्ति की मानसिक, आत्मिक और आध्यात्मिक अवस्था पर निर्भर करता है।

श्रीमद्भगवद्गीता (अध्याय 7, श्लोक 7) में भगवान कहते हैं

मत्तः परतरं नान्यत् किंचिदस्ति धनञ्जय।
मयि सर्वमिदं प्रोतं सूत्रे मणिगणा इव।।

श्री भगवान(परमात्मा) यहाँ अर्जुन (साधक - जीवात्मा) को सहस्रार चक्र से ओर इंगित कर रहे है।

भगवान यह स्पष्ट करते हैं कि वे ही परम स्रोत हैं और समस्त सृष्टि उनके भीतर समाहित है। इसका संकेत है कि जैसे समस्त ब्रह्माण्ड और उसकी ऊर्जा परमात्मा में समाहित हैं, वैसे ही हमारी चेतना और शुद्धता भी सहस्रार चक्र के माध्यम से परमात्मा के साथ जुड़ी हुई है। इस केंद्र पर ज्ञान और दिव्यता का अनुभव होता है

गुरु परंपरा और अनुभव

सहस्रार चक्र का अनुभव किसी गुरु परंपरा के माध्यम से प्राप्त होता है। यह चक्र व्यक्ति के अपने गुरु के मार्गदर्शन और उनकी शिक्षाओं पर आधारित होता है। जब व्यक्ति आत्मिक रूप से तैयार होता है, तो उसे अपने गुरु से यह ज्ञान और मार्गदर्शन प्राप्त होता है कि सहस्रार चक्र तक कैसे पहुँचा जाए।

गुरु केवल भौतिक रूप में उपस्थित व्यक्ति ही नहीं होते, बल्कि आपके भीतर विद्यमान आंतरिक गुरु भी इस मार्गदर्शन में सहायक होते हैं। यह आंतरिक गुरु हर व्यक्ति के भीतर रहता है और साधना के दौरान प्रक्रिया को दिशा देता है।

सहस्रार चक्र के अनुभव की गहराई और तीव्रता व्यक्ति की आंतरिक अवस्था, उसके विश्वास और साधना के स्तर पर निर्भर करती है। जब साधक अपने गुरु और अपने भीतर के गुरु पर पूर्ण विश्वास और समर्पण के साथ साधना करता है, तो यह चक्र जागृत होकर आत्मिक उत्थान का मार्ग प्रशस्त करता है।

सहस्रार चक्र और उसका आध्यात्मिक महत्व

सहस्रार चक्र को दिव्य चेतना के सर्वोच्च केंद्र के रूप में देखा जाता है। यह चक्र आत्मा और परमात्मा के मिलन का प्रतीक है। जब सहस्रार चक्र सक्रिय होता है, तब व्यक्ति अपनी शारीरिक और मानसिक सीमाओं को पार करते हुए उच्चतम चेतना से जुड़ता है। इस चक्र की पूरी प्रक्रिया व्यक्ति की आत्मा और परमात्मा के बीच एक दिव्य संवाद होती है।

यह चक्र पूर्णत: आत्मिक और मानसिक उन्नति से संबंधित है। यह चक्र जागृत होते ही व्यक्ति को ब्रह्मज्ञान और परमात्मा के सत्य के साथ अनुभव होता है, जिससे उसे आत्मिक शांति, एकता और दिव्यता का अहसास होता है।

सहस्रार चक्र की अनुभूति

सहस्रार चक्र के जागरण का अनुभव हर व्यक्ति के लिए अलग-अलग हो सकता है। यह अनुभव पूरी तरह से व्यक्ति के मानसिक, आत्मिक और आध्यात्मिक स्थिति पर निर्भर करता है। जैसे ही व्यक्ति **आज्ञा चक्र** के जागरण तक पहुंचता है, वह अपने जीवन में सहस्रार चक्र की अनुभूति करने के लिए तैयार होता है। कुछ लोग इसे शांति, प्रेम, और दिव्यता के रूप में महसूस करते हैं, जबकि कुछ को यह ब्रह्म के साथ एकता की स्थिति में प्राप्त होता है।

संक्षेप में, सहस्रार चक्र कोई साधना, प्रयास या भौतिक रूप से सक्रिय करने योग्य चक्र नहीं है। यह केवल तब जागृत होता है जब व्यक्ति की चेतना इतनी उन्नत हो जाती है कि वह आत्मिक स्तर पर एकता और दिव्यता का अनुभव करने के लिए तैयार हो। यह अनुभव व्यक्तिगत होता है और हर व्यक्ति के लिए अलग-अलग हो सकता है, लेकिन इसके लिए गुरु परंपरा और आत्मिक जागरूकता का होना अत्यंत आवश्यक है।

अंत में, सहस्रार चक्र की पूरी प्रक्रिया आत्मिक सफर की अंतिम मंजिल होती है, जहां व्यक्ति ब्रह्म से मिलकर अपने अस्तित्व के सबसे उच्चतम रूप को समझता है।

अध्याय 17: वाणी और साधना सम्बन्ध

वाणी, केवल बोलने की क्षमता नहीं है, बल्कि यह हमारे विचार, आंतरिक भावनाएँ, और ऊर्जा के संचार का एक महत्वपूर्ण साधन है। यह न केवल हमारे शारीरिक शरीर से जुड़ी है, बल्कि हमारे सूक्ष्म शरीर के साथ भी गहरे तरीके से जुड़ी हुई है। वाणी का प्रभाव न केवल हमारे मानसिक और भावनात्मक स्तर पर, बल्कि हमारे चक्रों और चेतना के विकास पर भी पड़ता है। इस अध्याय में हम वाणी के शारीरिक और सूक्ष्म शरीर प्रकारों पर चर्चा करेंगे, साथ ही समझेंगे कि यह कैसे चक्र मंत्र में साधना उपयोगी है।

वाणी के प्रकार

शास्त्रों चार प्रकार की वाणी होती है, जो हमारे शारीरिक, मानसिक और आध्यात्मिक स्तर पर प्रकट होती हैं।

पहले प्रकार की वाणी है **वैखरी वाणी**, जो कंठ से ध्वनि के द्वारा शब्दों में व्यक्त होती है और कानों से सुनी जाती है। यह वाणी शारीरिक विचारों और भावनाओं का परिणाम होती है, जो कभी सकारात्मक, कभी नकारात्मक हो सकती है।

दूसरा प्रकार है **मध्यमा वाणी**, यह वाणी हमारे विचारों को शब्दों में व्यक्त करने से पहले एक मानसिक रूप में होती है। मध्यमा वाणी का अभ्यास ध्यान और मानसिक शांति से किया जा सकता है। यह वाणी चेतना के भीतर स्थित विचारों को प्रकट करने का एक माध्यम बनती है।

तीसरा प्रकार है **पश्यन्ति वाणी**, जो शब्द और ध्वनि से परे होती है। पश्यन्ति वाणी उस अवस्था की वाणी है, जहाँ विचार और भावना शब्दों में बदलने से पहले एक आंतरिक दृश्य के रूप में होती है। यह वाणी शारीरिक रूप में व्यक्त होने से पहले सूक्ष्म रूप में होती है। इसका केंद्र नाभि (मणिपुर चक्र) होता है ।

अंत में **परा वाणी** होती है, जो उन साधकों में प्रकट होती है जिनकी आत्मशक्ति जागृत होती है और जो ब्रह्मांडीय शक्तियों से स्वाभाविक रूप से संवाद करते हैं। यह वाणी सहस्रार चक्र से भी ऊपर होती है और साधक को दिव्य ऊर्जा के साथ जोड़ती है।

वाणी का मंत्र साधना पर प्रभाव

चार प्रकार की वाणियों का प्रत्येक अपने आप में अद्वितीय महत्व है। साधना में हम **मध्यमा** वाणी से **परा** वाणी की यात्रा करते हैं। पहले साधक मध्यमा वाणी से मंत्र जाप करता है, जो मन और विचारों के स्तर पर होता है। फिर यह वाणी धीरे-धीरे पश्यंती वाणी में परिवर्तित होती है, जहां शब्द और भावों से परे आत्मा की गहराई में प्रकट होने वाली ऊर्जा सक्रिय होती है। इसके बाद, साधक परा वाणी तक पहुँचता है, जो ब्रह्मांडीय शक्तियों से सीधा संवाद स्थापित करने की अवस्था होती है।

वैखरी वाणी का साधना में कोई विशेष उपयोग नहीं होता, क्योंकि यह पूरी तरह से बाहरी स्तर पर आधारित होती है। यह शारीरिक शब्दों और ध्वनियों के रूप में प्रकट होती है, जो साधना की गहरी यात्रा में योगदान नहीं करती।

वाणी का मंत्र साधना पर गहरा प्रभाव होता है, क्योंकि मंत्र साधना केवल शब्दों का उच्चारण नहीं है, बल्कि यह एक आंतरिक ऊर्जा का संचार है। जब हम मंत्र का जाप करते हैं, तो हमारी वाणी सूक्ष्म रूप से ऊर्जा को उत्पन्न करती है, जो हमारे भीतर के चक्रों को प्रभावित करती और उन्हें सक्रिय करती है। जब वाणी सही तरीके से मंत्र का उच्चारण करती है, तो यह चक्रों के भीतर ऊर्जा के प्रवाह को संतुलित करती है।

सही तरीके से किया गया मंत्र जाप बिना किसी आसन के भी चक्रों को जागृत कर सकता है और साधना की यात्रा में महत्वपूर्ण योगदान देता है। जब मंत्र जाप को अन्य विधियों जैसे आसन और ध्यान के साथ मिलाकर किया जाता है, तो इसका प्रभाव कई गुना बढ़ जाता है। आसन और ध्यान को जब मंत्र साधना के साथ जोड़ा जाता है, तो साधना की यात्रा तीव्र और प्रभावी हो जाती है।

मध्यमा वाणी से पश्यंती वाणी यात्रा

मध्यमा वाणी से पश्यंती वाणी में प्रवेश एक गहरी, सूक्ष्म और दिव्य प्रक्रिया है, जो साधक को आत्मा के शुद्ध सत्य की ओर ले जाती है। जहाँ साधक धीरे-धीरे अपने आंतरिक शोर और मानसिक विक्षेपों से मुक्त होकर दिव्य अनुभव की ओर बढ़ता है।

मध्यमा वाणी वह स्थिति है, जब साधक मंत्रों का जाप करता है, जो उसके मन और मस्तिष्क में विचार रूप में प्रकट होते हैं। यह वाणी शब्दों के उच्चारण से पहले की अवस्था होती है, जहाँ विचार और भावनाएँ मानसिक रूप में जागृत होती हैं। यह वाणी साधक के मन को नियंत्रित करने और उसे शांति की ओर ले जाने का एक माध्यम बनती है। साधक

अपने मानसिक विक्षेपों से मुक्त होकर ध्यान और साधना में गहरी तल्लीनता प्राप्त करता है।

जब यह मानसिक प्रक्रिया शुद्ध होती है और साधक अपने मन और शरीर को पूरी तरह से शांत कर लेता है, तो वह **पश्यंती वाणी** की स्थिति में प्रवेश करता है। यह वाणी शब्दों और ध्वनियों से परे होती है, एक सूक्ष्म, दिव्य ऊर्जा का रूप होती है। यहां साधक को न किसी शब्द की आवश्यकता होती है, न किसी ध्वनि की।

पश्यंती वाणी एक ऐसी अवस्था है, जिसमें साधक अपने भीतर की गहरी चेतना को अनुभव करता है। पश्यंती वाणी की इस दिव्य अवस्था में, यदि साधक चक्रों के बीज मंत्र या गुरु प्रदत्त मंत्र का जाप करता है, तो उसे अतीव शीघ्र फल प्राप्त होता है। मंत्र इस अवस्था में अत्यंत प्रभावशाली होते हैं, क्योंकि वे सीधे साधक की चेतना और चक्र ऊर्जा पर कार्य करते हैं।

शास्त्रों के अनुसार, मध्यमा वाणी से पश्यंती वाणी तक की यह साधना केवल मानसिक और शारीरिक प्रयासों से नहीं, बल्कि आंतरिक समर्पण, ध्यान और गहरी साधना से संभव होती है। जब यह अवस्था साधक के जीवन में प्रकट होती है, तो वह आत्मसाक्षात्कार की दिशा में एक महत्वपूर्ण कदम बढ़ाता है और अपनी दिव्य ऊर्जा से जुड़ता है, जो उसे ब्रह्म के गहरे सत्य की ओर मार्गदर्शन करती है।

अध्याय 18: प्राण – स्वरूप, प्रकार, और कार्य

जैसा कि हमने पिछले अध्यायों में सूक्ष्म शरीर का अध्ययन किया है, इसे प्राण शरीर भी कहा जाता है। प्राण शरीर वह माध्यम है जिसके द्वारा भौतिक शरीर और कारण शरीर (चेतना) का आपस में संबंध स्थापित होता है। यह ऊर्जा का वह रूप है जो जीवन कहलाता है।

प्राण शरीर हमारे भीतर चल रही सूक्ष्म ऊर्जा का प्रतिनिधित्व करता है। यह ऊर्जा न केवल भौतिक शरीर के सभी कार्यों को संचालित करती है, बल्कि मन और आत्मा के साथ भी जुड़ी होती है। इस अध्याय में, हम प्राणों के स्वरूप, उनके प्रकार, उनके कार्यों और उनके भौतिक और आध्यात्मिक प्रभावों की विस्तार से चर्चा करेंगे। इसके साथ ही उप-प्राणों की भूमिका पर भी प्रकाश डालेंगे लेकिन प्राण नाड़ियों की चर्चा अगले अध्याय में विस्तार से करेंगे।

प्राण वह जीवन ऊर्जा है जो समस्त सजीव प्राणियों को संचालित करती है। यह ऊर्जा हमें सांस लेने, भोजन पचाने, सोचने और महसूस करने की क्षमता प्रदान करती है। इसे ब्रह्मांडीय ऊर्जा का स्थूल रूप माना गया है। योग और आयुर्वेद में प्राण को ऊर्जा का सबसे महत्वपूर्ण पहलू बताया गया है, जो जीव को जीवन के हर पहलू में शक्ति प्रदान करता है।

श्रीमन्द्भगवद्गीता (अध्याय 10, श्लोक 20) में भगवान उवाच:

अहमात्मा गुडाकेश सर्वभूताशयस्थितः।

अहमादिश्च मध्यं च भूतानामन्त एव च।।

अर्थात मैं (परमात्मा) ही प्राण शक्ति रूप में प्राणी के हृदय में स्थित रहती है। यह प्राण शरीर के भीतर स्थिर और क्रियाशील दोनों शक्ति के रूप में कार्य करता है।

प्राण का मुख्य कार्य हमारे शरीर के अंगों और तंत्रों को एक सामंजस्यपूर्ण तरीके से चलाना है। यह ऊर्जा नाड़ियों के माध्यम से पूरे शरीर में प्रवाहित होती है, जिससे हर कोशिका और अंग में जीवन का संचार होता है।

प्राणों के प्रकार

योग और आयुर्वेद के अनुसार, मुख्य रूप से पाँच प्रकार के प्राण होते हैं:

1. **प्राण**
   - **स्थान**: हृदय क्षेत्र।
   - **कार्य**: यह ऊर्जा श्वसन प्रक्रिया और हृदय के संचालन को नियंत्रित करती है।
   - **विशेषता**: प्राण ऊर्जा का मुख्य कार्य वायु के अंदर-बाहर जाने और हृदय के माध्यम से रक्त के प्रवाह को बनाए रखना है। यह हमारे जीवन की मूलभूत क्रियाओं में से एक है।

2. **अपान**
   - **स्थान**: नाभि से नीचे, मुख्यतः मलाशय और जननांग क्षेत्र।
   - **कार्य**: अपान ऊर्जा का कार्य शरीर से अपशिष्ट पदार्थों को बाहर निकालना है। यह मल, मूत्र, और अन्य विषाक्त पदार्थों को बाहर निकालने में सहायक होती है।

- **विशेषता**: यह ऊर्जा प्रजनन क्रिया और शारीरिक शुद्धि में भी योगदान करती है।

3. **समान**

- **स्थान**: नाभि क्षेत्र।
- **कार्य**: यह ऊर्जा पाचन और शरीर के सभी हिस्सों में पोषण पहुंचाने का कार्य करती है।
- **विशेषता**: समान yah प्राण शरीर में ऊर्जा के संतुलन और समरसता को बनाए रखने का कार्य करता है। यह भोजन से प्राप्त पोषक तत्वों को पूरे शरीर में वितरित करता है।

4. **उदान**

- **स्थान**: गले और मस्तिष्क।
- **कार्य**: यह ऊर्जा वाणी, अभिव्यक्ति, और आध्यात्मिक विकास में सहायता करती है।
- **विशेषता**: उदान प्राण आत्मा को ऊर्ध्वगामी बनाने और मृत्यु के समय शरीर से बाहर निकालने में सहायक होता है। यह आध्यात्मिक साधनाओं में अत्यधिक महत्वपूर्ण है।

5. **व्यान**

- **स्थान**: पूरे शरीर में व्याप्त।
- **कार्य**: यह ऊर्जा रक्त संचार, तंत्रिकाओं की गतिविधि और शरीर के हर हिस्से को सक्रिय रखने का कार्य करती है।
- **विशेषता**: व्यान प्राण शरीर के हर हिस्से में समान ऊर्जा का प्रवाह सुनिश्चित करता है, जिससे हर अंग सुचारु रूप से कार्य कर सके।
-

उप-प्राण

मुख्य प्राणों के अतिरिक्त, पाँच उप-प्राण भी होते हैं, जो विशिष्ट कार्यों को संचालित करते हैं:

1. **नाग**
   - **कार्य**: डकार और हिचकी का नियंत्रण।
   - **विशेषता**: यह ऊर्जा पाचन क्रिया के सहायक के रूप में कार्य करती है। यह भोजन को सही तरीके से पचाने में मदद करता है।

2. **कूर्म**
   - **कार्य**: पलक झपकाने और आँखों की रक्षा।
   - **विशेषता**: यह ऊर्जा आँखों को न केवल नमी प्रदान करती है, बल्कि उन्हें बाहरी हानिकारक तत्वों से बचाने का कार्य करती है।

3. **कृकल**
   - **कार्य**: छींकने और गले की सुरक्षा।
   - **विशेषता**: यह ऊर्जा श्वसन तंत्र को बाहरी संक्रमण और हानिकारक कणों से बचाती है।

4. **देवदत्त**
   - **कार्य**: जम्हाई लेने का नियंत्रण।
   - **विशेषता**: यह ऊर्जा शरीर को विश्राम की अवस्था में ले जाने और थकान को दूर करने में सहायक होती है।

5. **धनंजय**
   - **कार्य**: मृत्यु के बाद भी कुछ समय तक शरीर में उपस्थित रहती है और मृत्यु के बाद शरीर विघटन का कार्य करता है।

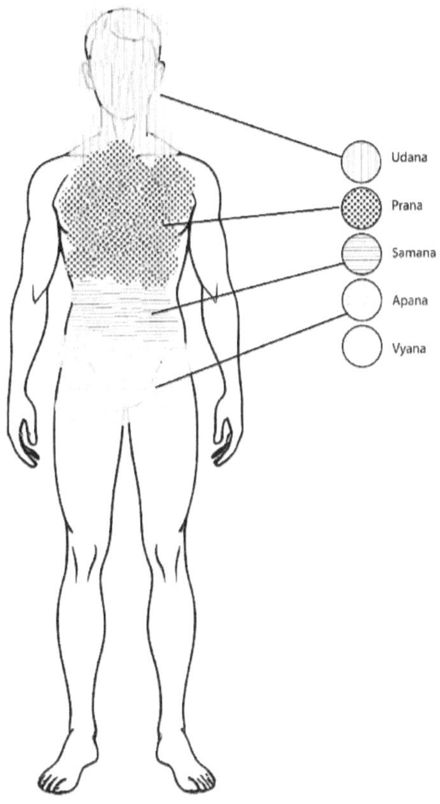

चित्र: पंचप्राण क्षेत्र

प्राणों का कार्य कैसे होता है?

शास्त्रों में प्राण की कार्यप्रणाली को अत्यंत गहराई और सूक्ष्मता से समझाया गया है। योग, आयुर्वेद और उपनिषदों में यह वर्णित प्राण की पाँच प्रमुख क्रियाओं का वर्णन किया गया है।

1. **शरीर की संपूर्ण गति का आधार**: प्राण ऊर्जा का प्रवाह शरीर में जीवन की हर गतिविधि को संभव बनाता है। यह ऊर्जा नाड़ियों के माध्यम से संचालित होती है। श्वास-प्रश्वास, पाचन, रक्त संचार और उत्सर्जन जैसे कार्य इसी के कारण संभव हैं।

2. **ऊर्जा संतुलन**: उपनिषदों के अनुसार, प्राण और अपान का संतुलन सबसे महत्वपूर्ण है। यह संतुलन शरीर के सभी तंत्रों को सामंजस्यपूर्ण तरीके से संचालित करता है। प्राणायाम के माध्यम से इस संतुलन को किया जा सकता है।

3. **आध्यात्मिक जागरण**: प्राण केवल भौतिक कार्यों तक सीमित नहीं है। यह आत्मा और चेतना के बीच की कड़ी है। ग्रंथों में बताया गया है कि जब प्राण और अपान ऊर्जा एकत्र होती हैं, तो कुंडलिनी जागरण होता है, जो आध्यात्मिक उन्नति का कारण बनता है।

4. **शरीर की शुद्धि**: आयुर्वेद में प्राणों को शरीर की शुद्धि का माध्यम माना गया है। अपान ऊर्जा शरीर से विषाक्त पदार्थों को बाहर निकालती है, जबकि समन प्राण पाचन क्रिया को सुचारु बनाता है।

5. **जीवन का विस्तार**: प्राणायाम के अभ्यास से प्राणों की शक्ति बढ़ती है, जिससे जीवन की अवधि और गुणवत्ता दोनों में सुधार होता है। महर्षि पतंजलि ने योगसूत्र में प्राणायाम को जीवन शक्ति का विस्तार करने वाला बताया है।

अध्याय 19: नाड़ी - जीवन ऊर्जा का पथ

हमने पिछले अध्याय में प्राण (जीवन ऊर्जा) के बारे में विस्तार से जाना था। अब हम समझेंगे कि कैसे प्राण का प्रवाह नाड़ियों में होता है और यह प्रवाह साधना के मार्ग को कैसे प्रभावित करता है। यह अध्याय नाड़ियों के महत्व और प्राण के प्रवाह को नियंत्रित करने की प्रक्रिया पर केंद्रित है, जो हमें हमारी साधना यात्रा में गहरी समझ और समर्पण की ओर अग्रसर करता है।

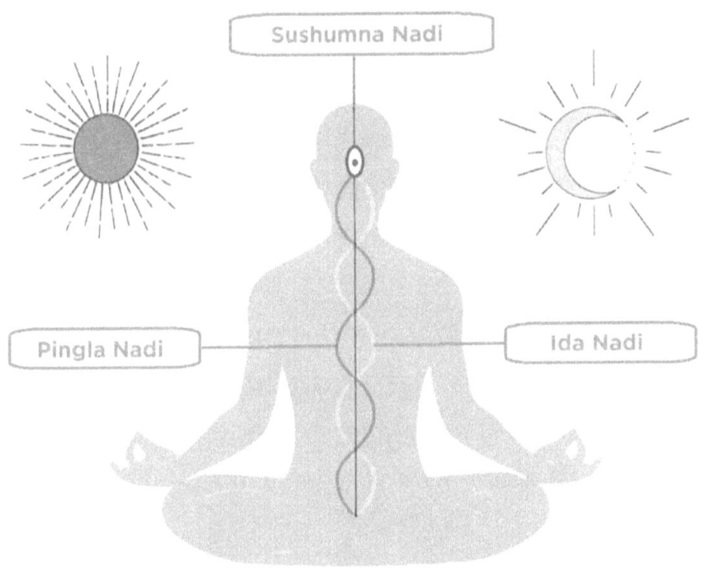

चित्र: तीन मुख्य नाड़ियां

हमारे शरीर में 72,000 नाड़ियाँ मौजूद हैं, जिनका कार्य प्राण (वायु) का प्रवाह पूरे शरीर में करना है। इन नाड़ियों के माध्यम से प्राण का संचार हमारी शारीरिक, मानसिक और आत्मिक स्थिति को नियंत्रित करता है।

हजारों नाड़ियाँ में तीन प्रमुख नाड़ियाँ मानी जाती हैं, जो योग विद्या के अनुसार जीवन ऊर्जा के प्रवाह के लिए अत्यधिक महत्वपूर्ण हैं। अन्य नाड़ियाँ प्रत्यक्ष अप्रत्यक्ष रूप से इनसे जुडी होती है। इन नाड़ियों का संतुलन साधना की गहरी अवस्था की कुंजी है। इन तीन प्रमुख नाड़ियों के नाम हैं - **इड़ा**, **पिंगला**, और **सुषुम्ना**।

1. **इड़ा नाड़ी (चंद्र नाड़ी)**:

इड़ा नाड़ी बाएं नथुने से प्रारंभ होकर शरीर के बाएं हिस्से में स्थित होती है और शरीर के दाहिने हिस्से में समाप्त होती है। इसे चंद्र नाड़ी भी कहा जाता है क्योंकि यह नाड़ी चंद्रमा के गुणों को प्रदर्शित करती है। यह नाड़ी मानसिक शांति, विश्राम और शीतलता का प्रतीक है।

चंद्रमा की गति और इड़ा नाड़ी के प्रभाव में गहरा संबंध है। यह नाड़ी मन के भावनात्मक पहलुओं, जैसे करुणा, सहानुभूति और ध्यान, को प्रभावित करती है। आधुनिक वैज्ञानिक दृष्टि से, यह मस्तिष्क के दाएँ भाग को सक्रिय करता है, जो कला, कल्पना और आत्मनिरीक्षण से संबंधित है।

यह नाड़ी शरीर में विश्राम प्रणाली (Parasympathetic Nervous System) से जुड़ी होती और यह हृदय की गति को धीमा करता है, पाचन प्रक्रिया को बढ़ावा देता है, और तनाव को कम करता है।

2. पिंगला नाड़ी (सूर्य नाड़ी):

पिंगला नाड़ी दाहिने नथुने से प्रारंभ होती है और शरीर के दाहिने हिस्से से होकर बाएं हिस्से में समाप्त होती है। इसे सूर्य नाड़ी भी कहा जाता है क्योंकि यह सूर्य के गुणों को प्रदर्शित करती है। यह नाड़ी शरीर के सक्रिय तंत्रिका तंत्र (Sympathetic Nervous System) से जुड़ी होती है और यह हृदय गति को बढ़ाता है, श्वसन प्रक्रिया को तेज करता है, और मांसपेशियों को ऊर्जा प्रदान करता है।

पिंगला नाड़ी के सक्रिय होने से व्यक्ति में उत्साह, कार्यक्षमता और आत्मविश्वास बढ़ता है। यह नाड़ी शारीरिक और मानसिक गतिविधियों को प्रेरित करती है, जिससे व्यक्ति जीवन के कार्यक्षेत्रों में ऊर्जा और ध्यान केंद्रित कर पाता है। साधना के दौरान पिंगला नाड़ी का संतुलन शरीर को क्रियाशील और जागरूक बनाए रखने में सहायक होता है। जब यह नाड़ी संतुलित रहती है, तो साधक शारीरिक और मानसिक ऊर्जा को सही दिशा में उपयोग करने में सक्षम होता है, जिससे सुषुम्ना नाड़ी में प्रवेश की प्रक्रिया सरल हो जाती है।

3. सुषुम्ना नाड़ी:

सुषुम्ना नाड़ी सबसे महत्वपूर्ण नाड़ी मानी जाती है। यह नाड़ी मध्य में स्थित होती है और इड़ा तथा पिंगला नाड़ियों के मिलन बिंदु से गुजरती है। जब इड़ा और पिंगला नाड़ियों में संतुलन स्थापित होता है और प्राण इन नाड़ियों से गुजरते हुए सुषुम्ना में प्रवेश करता है, तब साधक को ध्यान की गहरी अवस्था का अनुभव होता है। यह नाड़ी शरीर में स्थित विभिन्न ऊर्जा केंद्रों (चक्रों) से जुड़ी होती है, और जब इसमें प्राण प्रवेश करते है, तब यह साधक की चेतना जागृत होने लगती है।

सुषुम्ना नाड़ी के जागरण के साथ मस्तिष्क के 'थैलामस' (Thalamus) और 'हाइपोथैलामस' (Hypothalamus) में सक्रियता बढ़ती है। यह जागरूकता और चेतना के उच्च स्तर तक पहुँचने में सहायक होता है। वैज्ञानिक दृष्टि से, इसे मस्तिष्क की अल्फा और गामा तरंगों से जोड़ा जाता है, जो ध्यान की गहरी अवस्था को दर्शाती हैं।

नाड़ी के संतुलन का महत्व

नाड़ी के प्रवाह का संतुलन साधना के लिए अत्यधिक महत्वपूर्ण है। जब नाड़ी संतुलित होती है, तब प्राण का प्रवाह सही दिशा में और सही तरीके से होता है। यह शरीर और मन के बीच एक सशक्त संबंध स्थापित करता है, जो साधक को मानसिक शांति, शारीरिक ऊर्जा और आत्मिक उन्नति की ओर मार्गदर्शन करता है।

जब इड़ा और पिंगला नाड़ियों का संतुलन सही ढंग से होता है, तब प्राण का प्रवाह सुषुम्ना में प्रवेश करता है, और यह अवस्था साधक को दिव्य ऊर्जा से जोड़ने का कार्य करती है। इसी संतुलन के माध्यम से साधक अपनी आध्यात्मिक यात्रा की वास्तविक शुरुआत करता है और आत्म-साक्षात्कार की ओर बढ़ता है।

पाप, पुण्य और निष्काम कर्म क्या है?

जब व्यक्ति के प्राण इड़ा नाड़ी (चंद्र स्वर) या पिंगला नाड़ी (सूर्य स्वर) के प्रवाह में होकर किसी भी प्रकार का शारीरिक, मानसिक, या भावनात्मक कर्म करते हैं, तो वह कर्म पाप या पुण्य कहलाता है। इड़ा

नाड़ी के प्रभाव में किया गया कर्म भावनाओं और संवेदनशीलता से प्रेरित होता है, जबकि पिंगला नाड़ी के प्रभाव में किया गया कर्म शक्ति, क्रियाशीलता, और परिणाम पर केंद्रित रहता है। इन कर्मों का स्वरूप और उनकी दिशा यह निर्धारित करती है कि उन्हें पाप माना जाए या पुण्य, दोनों ही व्यक्ति के बंधन का कारण है ।

वहीं, जब प्राण का प्रवाह संतुलित होकर सुषुम्ना नाड़ी में प्रवेश करता है, तब व्यक्ति के सभी कर्म निष्काम और फल-रहित हो जाते हैं। ऐसी अवस्था में कर्म न तो पाप की श्रेणी में आता है और न ही पुण्य की, यह केवल कर्तव्य बनकर आत्मा की शुद्धता और ब्रह्मांडीय चेतना के साथ एकाकार हो जाता है। सुषुम्ना में किया गया कर्म पवित्र और समर्पण का प्रतीक है, जो व्यक्ति को बंधनों से मुक्त करते हुए मोक्ष की ओर ले जाता है।

अध्याय 20: मानव चेतना के स्तर और त्रयगुण

हमने सूक्ष्म शरीर अध्याय में पाँच कोशों का संक्षेप में अध्ययन किया। इस अध्याय में हम चेतना के स्तर को समझेंगे, जो किसी विशिष्ट कोश में प्राण के स्थायी निवास से संबंधित है। साथ ही तीन गुणों - सत्व, रज और तम - के स्वभाव और उनके पाँच कोशों से संबंध की चर्चा करेंगे। चेतना का स्तर यह दर्शाता है कि जीवात्मा किस कोश में स्थायी रूप से सक्रिय है। उदाहरण के लिए, जो व्यक्ति केवल खाने और आराम करने के लिए ही जीवन जीता है, उसकी चेतना स्थूल शरीर के अन्नमय कोश तक सीमित रहती है।

तीन गुण: सत्व, रज और तम

योग और सांख्य दर्शन के अनुसार, प्रकृति तीन गुणों से निर्मित है - सत्व, रज और तम। ये तीनों गुण हर व्यक्ति में मौजूद होते हैं और जीवन के विभिन्न पहलुओं को प्रभावित करते हैं।

श्रीमद्भगवद्गीता (अध्याय 14, श्लोक 5) में भगवान कहते हैं:

सत्त्वं रजस्तम इति गुणा प्रकृतिसम्भवाः।
निबध्नन्ति महाबाहो देहे देहिनमव्ययम्॥

इस श्लोक में भगवान श्री कृष्ण ने त्रयगुण (सत्त्व, रजस, तमस) के बारे में बताया है, जो कि प्रकृति से उत्पन्न होते हैं और हर जीव की चेतना और कर्मों को प्रभावित करते हैं।

1. **सत्व गुण (शुद्धता और प्रकाश):**
   सत्व गुण का स्वभाव शुद्ध, प्रकाशमय और संतुलित है। यह ज्ञान, शांति, और सत्य की ओर प्रेरित करता है। जब सत्व का प्रभाव अधिक होता है, तो मन और बुद्धि शांत और स्पष्ट रहती है।

2. **रज गुण (गतिशीलता और क्रियाशीलता):**
   रज गुण का स्वभाव सक्रिय और गतिशील है। यह व्यक्ति को कर्म करने, इच्छाएँ पूरी करने, और लक्ष्य प्राप्त करने के लिए प्रेरित करता है। रज गुण में अधिकता होने पर व्यक्ति में बेचैनी और असंतोष की भावना हो सकती है।

3. **तम गुण (जड़ता और अज्ञान):**
   तम गुण का स्वभाव जड़, निष्क्रिय, और अज्ञानी है। यह विश्राम, आलस्य, और अज्ञान को बढ़ावा देता है। हालांकि तम गुण का सही अनुपात में होना आवश्यक है, जैसे नींद और शरीर के विश्राम के लिए।

कोश और गुण का संबंध

तीनों गुण जीवात्मा के चेतना स्तर और पाँच कोशों के साथ गहराई से जुड़े हुए हैं। आत्म-साक्षात्कार प्राप्त होने तक तीनों गुण सदैव मौजूद रहते हैं, लेकिन वे हर कोश में अलग-अलग ढंग से कार्य करते हैं।

1. **अन्नमय कोश (भौतिक शरीर):**
   - **तम गुण:** इस कोश में तम गुण का प्रमुख प्रभाव होता है, क्योंकि यह शरीर को आराम और नींद के लिए प्रेरित करता है। तम गुण इस स्तर पर आवश्यक है, लेकिन जब इसका प्रभाव बढ़ जाता है, तो व्यक्ति जीवन में निष्क्रियता और जड़ता की ओर झुकने लगता है।

- **रज गुण:** यह कोश शरीर को क्रियाशील और कार्यशील बनाए रखता है।

2. **प्राणमय कोश (ऊर्जा का शरीर):**
   - **रज गुण:** इस कोश में रज गुण सक्रियता का मुख्य स्रोत है। यह शरीर की ऊर्जा और प्राण शक्ति को बनाए रखता है।
   - **सत्व गुण:** यहाँ संतुलन और ऊर्जा के सही उपयोग को बढ़ावा देता है।

3. **मनमय कोश (मनोवैज्ञानिक शरीर):**
   - **सत्व गुण:** इस कोश में सत्व गुण के प्रभाव से व्यक्ति में सकारात्मक सोच, शांति और ध्यान केंद्रित करने की क्षमता बढ़ती है।
   - **रज और तम:** विचारों और भावनाओं की सक्रियता और जड़ता को प्रभावित करते हैं।

4. **विज्ञानमय कोश (बुद्धि का शरीर):**
   - **सत्व गुण:** ज्ञान और विवेक के विकास में सहायता करता है। इस कोश में सत्व का प्रभाव अधिक होने से व्यक्ति आत्मज्ञान की ओर बढ़ता है।
   - **रज गुण:** यह विवेकशीलता को प्रेरित करता है, लेकिन अत्यधिक सक्रियता भ्रम पैदा कर सकती है।

5. **आनंदमय कोश (आनंद का शरीर):**
   - **सत्व गुण:** यहाँ सत्व गुण प्रमुख रूप से कार्य करता है, जिससे व्यक्ति शाश्वत आनंद और शांति का अनुभव करता है।
   - **तम और रज:** इस स्तर पर नगण्य हो जाते हैं, लेकिन जब तक आत्म-साक्षात्कार नहीं होता, ये गुण सूक्ष्म रूप से बने रहते हैं।

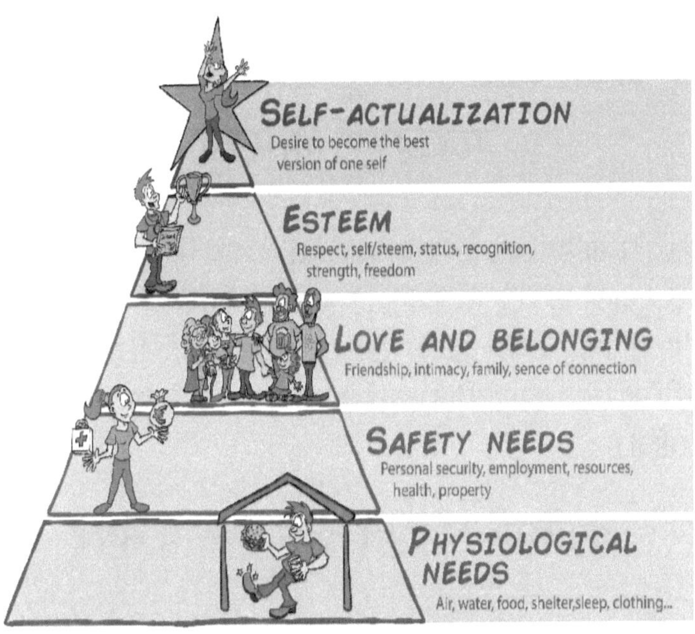

चित्र: मनुष्य की आत्मिक यात्रा की जरूरतें

अध्याय 21: हस्त मुद्रा: ध्यान साधना में महत्वपूर्ण भूमिका

प्राण और नाड़ियों की समझ के बाद, इस अध्याय में हम कुछ महत्वपूर्ण हस्त मुद्राओं के बारे में जानेंगे, जिन्हें ध्यान साधना के दौरान उपयोग किया जायेगा । प्रत्येक चक्र के लिए एक विशेष मुद्रा होती है, जो न केवल शारीरिक ऊर्जा को संतुलित करती है, बल्कि साधना के प्रगति में भी मदद करती है।

अंगुलियाँ का स्थूल तत्त्वों के साथ संबंध

हमारे हाथ की प्रत्येक अंगुली का एक गहरा तात्त्विक महत्व है, और यह पंचतत्त्वों (पृथ्वी, जल, अग्नि, वायु, और आकाश) से संबंधित होती है। प्रत्येक अंगुली एक विशेष तत्त्व का प्रतिनिधित्व करती है:

1. **अंगूठा (Thumb)** - यह **अग्नि तत्त्व** का प्रतिनिधित्व करता है। अंगूठा हमारे आत्मविश्वास, शक्ति और इच्छाशक्ति का प्रतीक है।

2. **तर्जनी (Index Finger)** - यह **वायु तत्त्व** से संबंधित है। तर्जनी ज्ञान, तर्क और संचार का प्रतीक है।

3. **मध्यमा (Middle Finger)** - यह **आकाश तत्त्व** का प्रतिनिधित्व करता है। मध्यमा हमारी संतुलन, शांति और सामंजस्य की स्थिति का प्रतीक है।

4. **अनामिका (Ring Finger)** - यह **पृथ्वी तत्त्व** से संबंधित है। अनामिका हमारे भौतिक और मानसिक स्थिरता, संबंध और प्रेम का प्रतीक है।

5. **कनिष्ठा (Little Finger)** - यह **जल तत्त्व** का प्रतिनिधित्व करता है। यह हमारी कोमलता और लचीलापन को भी प्रतीकित करता है।

पृथ्वी मुद्रा

पृथ्वी मुद्रा का उद्देश्य शरीर में स्थिरता, संतुलन और शक्ति का प्रवाह बढ़ाना है।

पृथ्वी मुद्रा करने की विधि:

1. अपने **हाथ के अंगूठे** और **अनामिका अंगुली** के टिप्स को आपस में मिलाएं।
2. बाकी की तीन अंगुलियाँ (तर्जनी, मध्यमा और कनिष्ठा) सीधी और आराम से रखें।

लाभ:

- यह मुद्रा शरीर में पृथ्वी तत्त्व को सक्रिय करती है, जिससे स्थिरता और संतुलन में सुधार होता है।

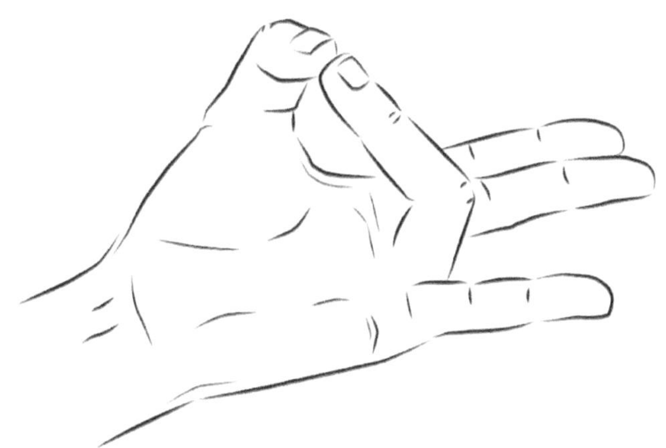

Prithvi Mudra

वरुण मुद्रा

वरुण(जल) मुद्रा स्वाधिष्ठान चक्र (Sacral Chakra) से जुड़ी हुई है।

वरुण मुद्रा करने की विधि:

1. अपने हाथ के **अंगूठे** और **कनिष्ठा अंगुली** के टिप्स को आपस में मिलाएं।
2. बाकी की तीन अंगुलियाँ (तर्जनी, मध्यमा और अनामिका) सीधी रखें।

लाभ:

- यह मुद्रा शरीर में जल तत्व के संतुलन को बढ़ाती है।

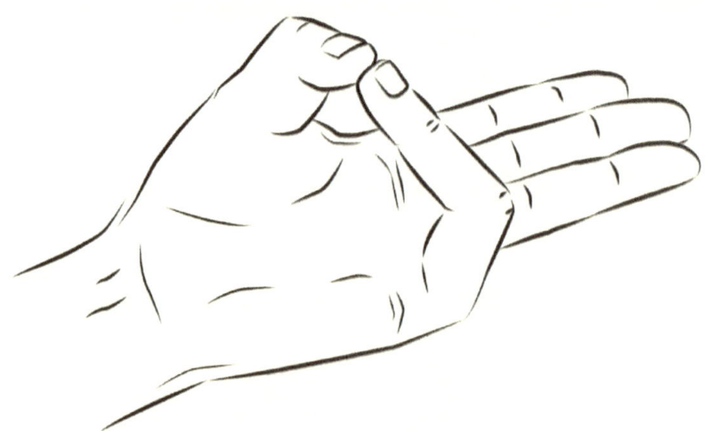

Varun Mudra

अग्नि मुद्रा

अग्नि (सूर्य) मुद्रा मणिपुर चक्र (Solar Plexus Chakra) से संबंधित है और यह आत्मविश्वास, ऊर्जा और शक्ति को बढ़ाने में मदद करती है। यह मुद्रा शरीर में गर्मी और ऊर्जा के प्रवाह को बढ़ाती है।

अग्नि मुद्रा करने की विधि:

1. अपने अंगूठे को **अनामिका** अंगुली से जोड़ें।
2. बाकी की तीन अंगुलियाँ (तर्जनी, मध्यमा और कनिष्ठा) सीधी रखें।

लाभ:

- यह मुद्रा शरीर में ऊर्जा और आत्मविश्वास को बढ़ाती है।

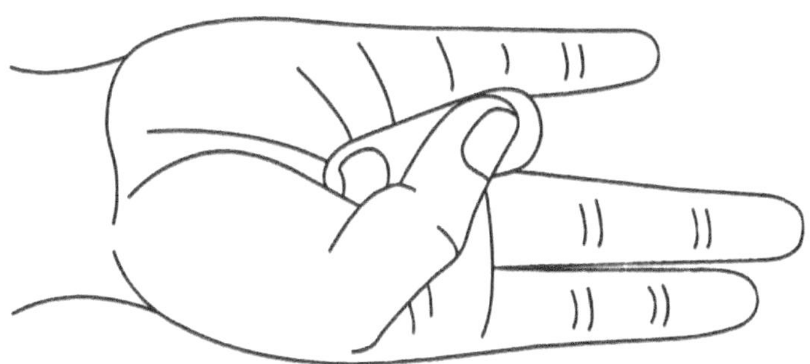

Agni Mudra

वायु मुद्रा

वायु मुद्रा हृदय चक्र (Heart Chakra) से संबंधित है।

वायु मुद्रा करने की विधि:

1. अपने अंगूठे को **तर्जनी** की टिप्स को आपस में मिलाएं।
2. बाकी की तीन अंगुलियाँ (मध्यमा, अनामिका और कनिष्ठा) सीधी और आराम से रखें।

लाभ:

- यह मुद्रा हृदय चक्र को सक्रिय करती है।

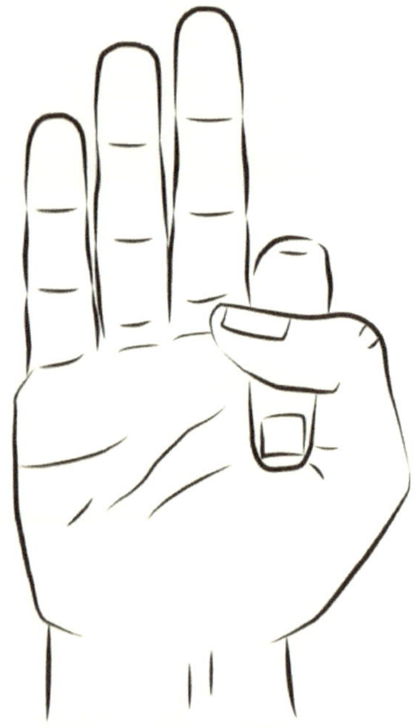

Vayu Mudra

आकाश मुद्रा

आकाश मुद्रा, जिसे **शुनी मुद्रा** के नाम से भी जाना जाता है। आकाश तत्व हमारे जीवन में विशालता, विस्तार और शून्यता का प्रतीक है।

आकाश मुद्रा करने की विधि:

1. अपनी **मध्यमा** (middle finger) के अग्रभाग को **अंगूठे** (thumb) के अग्रभाग से मिलाएं।
2. बाकी की तीन अंगुलियाँ (तर्जनी, अनामिका और कनिष्ठा) सीधी रखें।

लाभ:

- यह मुद्रा आकाश तत्त्व को संतुलित करती है और मानसिक स्पष्टता और संतुलन प्रदान करती है।

Akash Mudra

हाकिनी (ज्ञान) मुद्रा

हकीनी मुद्रा एक शक्तिशाली मुद्रा है, जो तीसरे नेत्र (आज्ञा चक्र) के सक्रियण में सहायक होती है और ध्यान की गहरी अवस्था में प्रवेश करने के लिए उपयुक्त मानी जाती है।

हकीनी मुद्रा करने की विधि:

1. दोनों हाथों को सामने लाकर, अपनी **उंगलियों** और **अंगूठों** को हल्के से एक-दूसरे से मिलाएं, ताकि वे शरीर के केंद्र के पास एक-दूसरे को स्पर्श करें।

2. आप इस मुद्रा को अपनी आँखों के सामने रखें या इसे अपने **माथे के केंद्र** (तीसरे नेत्र चक्र) तक ऊपर उठा सकते हैं।

3. इस मुद्रा को पकड़ते समय, अपनी मानसिक अवस्था को शांत और स्थिर रखें, और कल्पना करें कि आपके हाथों के बीच एक **प्रकाश की गेंद** है।

Hakini Mudra

ध्यान मुद्रा

ध्यान मुद्रा चक्रों में उच्चतम स्थान पर स्थित **सहस्रार चक्र** के साथ जुड़ी होती है।

ध्यान मुद्रा करने की विधि:

1. अपने **दाहिने हाथ** को **बाएं हाथ** के ऊपर रखें, हथेलियाँ ऊपर की ओर हों।
2. फिर, **अंगूठे** को थोड़ा ऊपर उठाकर, दोनों अंगूठों के **सिरे** एक-दूसरे से मिलाएं। यह एक हल्का गोलाकार आकार बनाएगा।
3. अपने दोनों हाथों को अपनी **गोदी** पर आराम से रखें, शरीर के अन्य भागों को आराम से और सीधा बनाए रखें।
4. इस मुद्रा में बैठने के दौरान, अपनी आँखों को हल्का बंद करें और मानसिक शांति को महसूस करने की कोशिश करें।

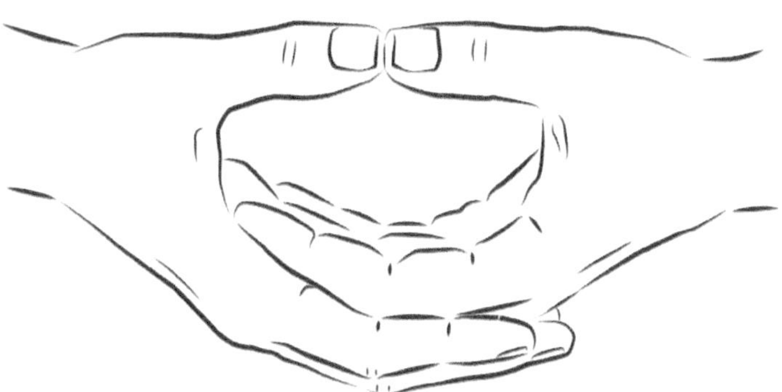

Dhayana Mudra

प्राण मुद्रा

प्राण मुद्रा विशेष रूप से प्राणायाम के अभ्यास में उपयोगी मानी जाती है, क्योंकि यह जीवन शक्ति (प्राण) को संतुलित करने में मदद करती है।

प्राण मुद्रा करने की विधि:

1. अनामिका और कनिष्ठा अंगुली को शरीर के अंगूठे के साथ मिलाएं।
2. बकि दो अंगुलियां तर्जनी, मध्यमा सीधी रहती हैं

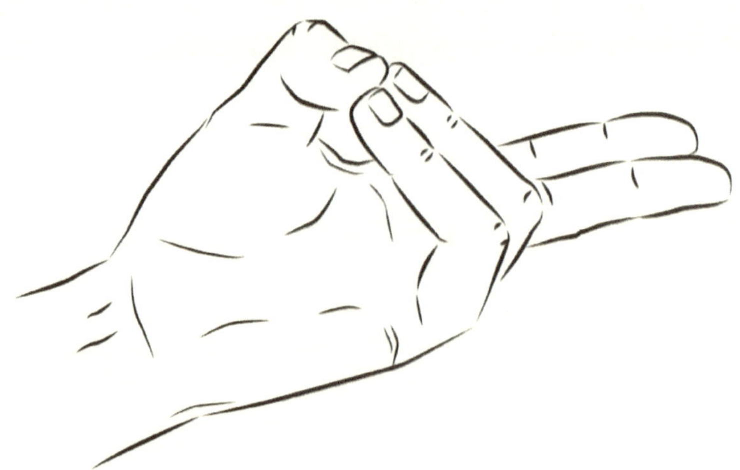

Pran Mudra

अध्याय 22: साधना की तैयारी: एक नई यात्रा की ओर

हमने साधना के स्तम्भों जैसे शरीर के विभिन्न प्रणालियों—का अध्ययन किया है । अब समय आ गया है उस यात्रा की शुरुआत का, जो न केवल आपकी आध्यात्मिक उन्नति की दिशा में कदम बढ़ाएगी, बल्कि यह एक नया जन्म भी साबित होगा। यह यात्रा लगभग 9 से 11 महीनों तक चलेगी, जिसमें हर दिन आपके भीतर एक नया परिवर्तन, एक नई चेतना का जन्म होगा।

साधना की तैयारी

अब तक हमने शरीर, मन और आत्मा के विभिन्न पहलुओं पर ध्यान केंद्रित किया है, लेकिन साधना के वास्तविक सफर में कदम रखने से पहले कुछ महत्वपूर्ण बातों पर विचार करना आवश्यक है।

हमारे शरीर के हर अंग, हर नाड़ी, और हर कोशिका एक साधना का साधन बनते हैं। इन्हें संतुलित और सक्रिय रखने के लिए नियमित अभ्यास आवश्यक है। मानसिक स्थिति और आंतरिक संतुलन को बनाए रखने के लिए आत्म-चिंतन और विश्राम की प्रक्रिया को भी नियमित करना होगा। यह यात्रा आपको अपने भीतर के सच्चे स्वरूप की खोज में सहायक बनेगी।

पहले चरण में, आपको अपने शरीर के प्रत्येक हिस्से से जुड़ी साधनाओं पर ध्यान केंद्रित करना होगा। इसके बाद, धीरे-धीरे मानसिक और आत्मिक साधनाओं की ओर बढ़ते हुए, आपको अपने अंदर गहरी

शांति और ऊर्जा का संचार होगा।इस यात्रा के दौरान, आपको संयम, विश्वास और दृढ़ता के साथ अपने लक्ष्य की ओर बढ़ना होगा। समय के साथ-साथ, जब आप अपने अभ्यास में निरंतरता बनाएंगे, तो आपको अपनी अंतरात्मा की आवाज सुनाई देने लगेगी, और यह आवाज आपको सही दिशा में मार्गदर्शन करेगी।

आसन

आधार आसन (चटाई)

वस्त्र के रूप में 'आसन' साधना का महत्वपूर्ण हिस्सा है, जो न केवल शरीर को सहारा देता है, बल्कि मन को भी स्थिरता प्रदान करता है। आसन के लिए सामग्री का चुनाव भी बहुत महत्वपूर्ण है। साधना के लिए एक शुद्ध आसन (जैसे कि कपड़ा, मैट या साधना मैट) होना चाहिए। यह बहुत पतला नहीं होना चाहिए, ताकि शरीर आरामदायक स्थिति में रहे। आसन पर बैठने से पहले इसे साफ रखें और किसी सुंदर कपड़े से ढक दें, ताकि यह मन में शांति और पवित्रता का अनुभव कराए।

आधार आसन (बैठक मुद्रा)

साधना के मार्ग पर पहला कदम सही आसन (posture) का चुनाव करना है। आसन साधना का आधार होता है, क्योंकि यह शरीर और मन के बीच संतुलन बनाए रखने में मदद करता है। सही आसन न केवल शरीर को स्थिर करता है, बल्कि यह साधना के दौरान एकाग्रता भी प्रदान करता है।

पद्मासन, सिद्धासन और सुखासन जैसे आसन साधना में विशेष महत्व रखते हैं। पद्मासन शारीरिक स्थिरता और मानसिक एकाग्रता को बढ़ाता है, जबकि सिद्धासन सरल और आरामदायक है, जो लंबी साधना

के लिए उपयुक्त है। इन आसनों में बैठने से साधक का ध्यान भटकता नहीं है और वह अपने साधना की दिशा में गहराई से प्रवृत्त हो पाता है।

1. पद्मासन (Padmasana)

इस आसन में दोनों पैरों को विपरीत जांघों पर रखकर बैठा जाता है, जिससे शरीर स्थिर और संतुलित रहता है। पद्मासन को नियमित रूप से करने से ध्यान की गहरी अवस्था और मानसिक स्पष्टता आती है। यह मुद्रा शरीर की लचीलापन को बढ़ाती है, रीढ़ की हड्डी को मजबूत करती है।

चित्र: पद्मासन

2. सुखासन (Sukhasana)

सुखासन एक सरल और आरामदायक योगासन है। इस आसन में व्यक्ति दोनों पैरों को क्रॉस करके बैठता है, और पैरों को दोनों जांघों के नीचे रखता है। हाथों को घुटनों पर आराम से रखकर, शरीर को सीधा और आरामदायक स्थिति में रखा जाता है। यह आसन विशेष रूप से उन लोगों के लिए उपयुक्त है जो लंबे समय तक ध्यान करना चाहते हैं।

चित्र: सुखासन

3. सिद्धासन (Siddhasana)

सिद्धासन एक सरल आसन है, जो लंबे समय तक बैठने और ध्यान में लीन रहने के लिए आदर्श माना जाता है। इस आसन में एक एड़ी दूसरी पिंडली के ऊपर रखकर, हाथों को घुटनों पर हस्त मुद्रा में रखते हुए, रीढ़ को सीधा और सिर को स्थिर किया जाता है।

चित्र: सिद्धासन

आसन पर मुख की दिशा

आसन पर बैठते समय दिशा का ध्यान रखना जरूरी है। साधक को उत्तर या पूर्व दिशा की ओर मुंह करके बैठना चाहिए। ये दिशाएँ ऊर्जा के प्रवाह के लिए उपयुक्त मानी जाती हैं और इस दिशा में बैठने से मानसिक और शारीरिक संतुलन बना रहता है। पश्चिम और दक्षिण दिशा को साधना के लिए उचित नहीं माना जाता क्योंकि इन दिशाओं में ऊर्जा का प्रवाह असंतुलित हो सकता है। इसके अलावा, आसन पर बैठते समय शरीर का किसी भी वस्तु से संपर्क नहीं होना चाहिए, ताकि ऊर्जा का प्रवाह स्वतंत्र रूप से हो सके और ध्यान में कोई विघ्न न आये।

आहार का ध्यान

साधना के दौरान आहार का चयन महत्वपूर्ण होता है, और यह न केवल शारीरिक स्वास्थ्य के लिए, बल्कि मानसिक और आध्यात्मिक उन्नति के लिए भी आवश्यक है। आयुर्वेद के अनुसार, आहार का हमारे शरीर और मन पर गहरा प्रभाव पड़ता है, और यह हमारे तीन प्रमुख दोषों—वात, पित्त, और कफ—को संतुलित करने में मदद करता है। आंत में लगभग 50 करोड़ न्यूरॉन्स होते हैं, जो इसे "सेकंड ब्रेन" बनाते हैं। यह हमारी भावनाओं और निर्णयों को प्रभावित करता है। इन दोषों का संतुलन बनाए रखना साधना के दौरान विशेष रूप से महत्वपूर्ण है, क्योंकि असंतुलित दोष मानसिक और शारीरिक अवरोध उत्पन्न कर सकते हैं, जो ध्यान और साधना में विघ्न डाल सकते हैं।

आहार का चयन और दोष संतुलन:

1. वात दोष:

यदि किसी साधक का वात दोष अधिक हो वात दोष के संतुलन के लिए आहार हल्का, ताजगी से भरा और पोषक होना चाहिए। वात दोष वाले व्यक्तियों का पाचन तंत्र थोड़ा कमजोर हो सकता है, इसलिए उन्हें भारी,

सूखा और ठंडा भोजन नहीं लेना चाहिए।

आहार के प्रकार:

- **पोषक और तैलीय आहार:** जैसे घी, ताजे फल, पके हुए अनाज, दलिया, सूप, हल्की दालें।
- **गर्म और नम:** शहद, हल्का सूप, पके हुए आलू, शाकाहारी भोजन।
- **संयम:** अधिक ताजे, सूखे फल, बर्फीले या ठंडे भोजन से बचें।

2. पित्त दोष:

पित्त दोष को नियंत्रित करने के लिए आहार को ठंडा, शीतल और ताजगी से भरा रखना चाहिए। पित्त दोष वाले व्यक्तियों को गर्म, मसालेदार और तीव्र भोजन से बचना चाहिए क्योंकि यह पित्त को बढ़ा सकता है।

आहार के प्रकार:

- **शीतल, ताजे और मीठे आहार:** जैसे दही, खीरा, ताजे फल (जैसे तरबूज, आम), नारियल पानी।
- **मध्यम मसालेदार:** हल्के मसाले, हर्बल चाय, लौकी, शकरकंदी, ताजे हरे साग।
- **संयम:** अत्यधिक तीव्र मसाले, तीव्र खट्टा, मांसाहारी और तैलीय भोजन से बचें।

3. कफ दोष:

कफ दोष को संतुलित करने के लिए हल्का, पचने में आसान और तीव्र स्वाद वाला आहार आवश्यक है। कफ दोष वाले व्यक्तियों को अधिक भारी, तैलीय और मीठा भोजन नहीं लेना चाहिए।

आहार के प्रकार:

- **हल्का, तीव्र और मसालेदार आहार:** जैसे अदरक, हल्दी, खट्टे फल (नींबू अंगूर), और पत्तेदार साग।
- **सूखा और पचने में आसान:** जैसे शाकाहारी सूप, फलों का सेवन, दाल, ताजे सलाद।
- **संयम:** भारी दूध, दही, तैलीय और मीठा आहार से बचें।

ब्रह्मचर्य

ब्रह्मचर्य शब्द का सामान्य अर्थ होता है "संयम" या "स्वयं पर नियंत्रण", और यह साधना के पथ पर एक महत्वपूर्ण बिंदु है। साधक के लिए ब्रह्मचर्य केवल शारीरिक संयम का ही नहीं, बल्कि मानसिक और वचनात्मक संयम का भी प्रतीक होता है। इसका उद्देश्य शरीर, मन और वाणी के प्रत्येक पक्ष पर नियंत्रण रखना है, ताकि साधक अपने साधना पथ पर निरंतर उन्नति कर सके।

ब्रह्मचर्य का पहला कदम है बुरी वाणी से परहेज करना। इसका अर्थ है कि हमें अपनी वाणी से किसी भी प्रकार की निंदा, झूठ, अशिष्टता, या अप्रिय शब्दों से बचना चाहिए। शब्दों में अत्यधिक शक्ति होती है, और हमारी वाणी से निकले शब्द दूसरों पर गहरा प्रभाव डाल सकते हैं। इस कारण, ब्रह्मचर्य में अपनी वाणी को शुद्ध और सजग रखना आवश्यक होता है।

इसके अतिरिक्त, ब्रह्मचर्य का संबंध शारीरिक संयम से भी है। यह शारीरिक रूप से किसी भी प्रकार की अत्यधिक इच्छाओं और गतिविधियों से दूर रहने की प्रक्रिया है, जैसे कि अनावश्यक शारीरिक उत्तेजनाओं और वासनाओं से बचना। यह साधक को अपनी ऊर्जा को उच्च आध्यात्मिक उद्देश्यों के लिए संरक्षित करने में मदद करता है।

साधना समय

साधना के लिए समय वह होना चाहिए जिसमें आप जीवन शक्ति से भरपूर हो, न कि ऐसा समय जिसमें आप मानसिक और शारीरिक थकावट से भरे हुए हों। यह समय ऐसा होना चाहिए जिसमें आप अपने भीतर की गहरी शांति और ऊर्जा को महसूस कर सकें, न कि ऐसा समय जब आप समय की चिंता और दबावों से घिरे हुए हों।

यह समय सुबह, शाम या रात का हो सकता है, उस समय वातावरण शांत होना चाहिए। शांत वातावरण से मन के विचारों में हलचल कम होती है। इसमें कोई भी जल्दबाजी या मानसिक दबाव नहीं होना चाहिए, ताकि आप अपनी पूरी तवज्जो साधना पर लगा सकें। यह समय ऐसा होना चाहिए जिसमें आप पूरी तरह से अपने कार्य पर केंद्रित हो सकें, और शरीर और मन दोनों में शांति का प्रवाह हो।

साधना में समय का अर्थ केवल घंटे या मिनटों में नहीं होता, बल्कि यह जीवन के उस पल को व्यक्त करता है, जब आप पूर्ण रूप से अपने भीतर की ऊर्जा और शांति का अनुभव कर सकते हैं। जब आप अपने भीतर संतुलन और शांति का अनुभव करते हैं, तभी वह समय वास्तविक रूप से साधना के लिए उपयुक्त होता है।

संगीत

साधक को शांतिपूर्ण, शुद्ध और ध्यान केंद्रित करने वाली संगीत ध्वनियाँ सुननी चाहिए। तेज़ और शोर-शराबे वाली ध्वनियाँ या संगीत से बचना चाहिए, क्योंकि ये मानसिक शांति और ध्यान में विघ्न डाल सकती हैं। संगीत की स्वरों से मेल खाते हुए ध्यान और साधना में ध्यान केंद्रित किया जा सकता है।

अध्याय 23: साधना की शुरुआतः पहले 21 दिनों का मार्गदर्शन

साधना की यात्रा का पहला कदम है मानसिक और शारीरिक संतुलन स्थापित करना। पहले 21 दिन साधना की नींव तैयार करने के लिए अत्यंत महत्वपूर्ण होते हैं, क्योंकि इस अवधि में हम अपने भीतर की ऊर्जा को जागृत और स्थिर करने की प्रक्रिया को प्रारंभ करते हैं। इस अध्याय में मैं पहले 21 दिनों का विवरण करूँगा, जिसमें श्वास-प्रणाली (अनुलोम-विलोम) और त्राटक जैसे साधना के आधारभूत अभ्यासों पर समझ विकसित करेंगे।

पहला कदम: अनुलोम-विलोम प्राणायाम

प्रत्येक दिन साधना की शुरुआत में सबसे पहले हर दिन 3-5 मिनट का अनुलोम-विलोम प्राणायाम करें। यह प्राणायाम न केवल शारीरिक रूप से शरीर को शुद्ध करता है, बल्कि यह मानसिक शांति और संतुलन भी प्रदान करता है। अनुलोम-विलोम का अभ्यास करने से शरीर की अंदरूनी ऊर्जा को संतुलित किया जाता है और यह साधना की गहरी अवस्था में प्रवेश करने के लिए आधार को तैयार करता है।

अनुलोम-विलोम कैसे करें?

1. **सुरुचिपूर्वक आसन में बैठें** - ध्यान रखें कि आपकी रीढ़ सीधी हो, और शरीर में कोई तनाव न हो।
2. **बाह्य श्वास को धीरे-धीरे बाहर छोड़ें** - नाक से गहरी सांस अंदर लें, फिर दाहिनी नथुने को बंद कर बाएं नथुने से श्वास बाहर छोड़ें।

3. **बाएं नथुने से श्वास अंदर लें** - फिर बाएं नथुने को बंद कर दाहिनी नथुने से श्वास बाहर छोड़ें।

4. इस प्रक्रिया को 3-5 मिनट तक क्रमशः करते रहें। धीरे-धीरे गति और समय को बढ़ाते हुए यह अभ्यास करें।

अनुलोम-विलोम करने का महत्व

अनुलोम-विलोम प्राणायाम का उद्देश्य शरीर और मन में मध्यस्थता (मध्यम स्थिरीकरण) लाना है। यह प्राणायाम न केवल शरीर की नसों और ऊर्जा मार्गों को खोलता है, बल्कि मानसिक विकारों और तनाव को भी कम करता है। साधना में यह मन को शांति और स्थिरता देने के लिए अत्यधिक लाभकारी है, ताकि हम अधिक गहरे ध्यान और साधना में प्रवेश कर सकें।

2-3 मिनट का विश्राम

अनुलोम-विलोम के बाद 2-3 मिनट का विश्राम लें। यह विश्राम शरीर और मन को संतुलन में रखने में मदद करेगा और अगले अभ्यास के लिए तैयारी करेगा। इस समय का उपयोग श्वास को सामान्य करने और शरीर को आराम देने के लिए करें।

अगला कदम: त्राटक अभ्यास

अब हम त्राटक अभ्यास करेंगे, जो मानसिक एकाग्रता और ध्यान में गहरी स्थिरता प्राप्त करने का एक अद्भुत साधन है। त्राटक से आपकी आंखें और मन दोनों एक स्थान पर केंद्रित होते हैं, जिससे आपको मानसिक शांति और आत्म-निर्देशन प्राप्त होता है। यह अभ्यास आपके भीतर की ऊर्जा को जागृत कर मानसिक और आध्यात्मिक प्रगति में सहायक है।

ट्राटक कैसे करें?

1. **स्थान का चयन करें:**
   - एक शांत और एकांत जगह का चयन करें, जहां किसी प्रकार का व्यवधान न हो।
   - यदि संभव हो, तो अभ्यास के लिए हल्का अंधेरा कमरा चुनें।

2. **ट्राटक बिंदु तैयार करें:**
   - एक दीवार पर कागज पर या सीधे दीवार पर एक छोटा सा बिंदु (डॉट) बना लें।
   - बिंदु आंखों के स्तर पर और लगभग 1 मीटर की दूरी पर हो।

3. **आरंभ करें:**
   - आरामदायक स्थिति में बैठें, रीढ़ सीधी रखें, और शरीर को आराम दें।
   - बिंदु पर ध्यान केंद्रित करें। अपनी आंखों को स्थिर रखें और पलकों को झपकने न दें।

4. **ध्यान का अभ्यास:**
   - बिंदु को देखते समय अपनी सांस को सामान्य रखें।
   - अपने मन को भटकने न दें। यदि विचार आएं, तो उन्हें नजरअंदाज करें और वापस बिंदु पर ध्यान केंद्रित करें।

5. **समय सीमा:**
   - शुरुआत में इसे 5 मिनट तक करें और धीरे-धीरे समय बढ़ाकर 10-15 मिनट तक ले जाएं।

6. **प्रकृति में ट्राटक:**
   - यदि आपके पास बगीचा या छत है, तो चंद्रमा पर ट्राटक करें।

- o चंद्रमा की शीतल रोशनी आपकी आंखों और मन को गहरी शांति प्रदान करती है।
- o इसे रात के समय खुले आसमान के नीचे बैठकर करें।

सावधानियां:

- अभ्यास के बाद आंखों को आराम दें और हल्के पानी से धो लें।
- किसी भी प्रकार की असुविधा महसूस होने पर अभ्यास रोक दें।
- नियमित अभ्यास से ही इसके लाभ स्पष्ट होते हैं, इसलिए इसे अपने दिनचर्या में शामिल करें।

ट्राटक के कुछ प्रकार

1. **दीपक ट्राटक**: एक जलते हुए दीपक की लौ को एक बिंदु की तरह देखें।
2. **चित्र ट्राटक**: एक तस्वीर या देवी-देवता की छवि पर ध्यान केंद्रित करें।
3. **आकाश ट्राटक**: रात्रिकालीन आकाश में एक बिंदु (चाँद) पर ध्यान केंद्रित करें।

पहले 21 दिनों में अनुलोम-विलोम और ट्राटक का अभ्यास करने से आप शारीरिक और मानसिक दोनों स्तरों पर संतुलन स्थापित करेंगे। यह समय आपके शरीर और मन के भीतर सकारात्मक ऊर्जा के प्रवाह को मजबूत करेगा और साधना के गहरे अनुभव के लिए आपके मार्ग को खोल देगा।

अध्याय 24: विश्राम की साधना: गहरी शांति की ओर

अब जब आपने अपने पहले 21 दिनों की साधना के अभ्यासों से शरीर और मन को संतुलित किया है, तो हम अगले कदम की ओर बढ़ते हैं: शवासन। यह वह अवस्था है जहां साधक अपने शरीर और मन को पूरी तरह से विश्राम और शांति प्रदान करता है। शवासन न केवल शारीरिक विश्राम का साधन है, बल्कि यह मानसिक शांति, ऊर्जा का संचार, और आत्म-ज्ञान की दिशा में एक कदम है। इस अध्याय में, हम शवासन के अभ्यास को विस्तार से समझेंगे, और जानेंगे कि कैसे इसे 21 दिनों तक नियमित रूप से किया जा सकता है।

हमारे शरीर और जीवात्मा के बीच **सूक्ष्म या प्राण शरीर** एक पुल के रूप में कार्य करता है। यह प्राण ही अन्तःकरण के रूप में प्रकाशित होता है। अन्तःकरण से **मन, बुद्धि, चित्त, और अहंकार** व्यक्त होते हैं।

1. मन
- मन का कार्य इन्द्रियों द्वारा प्राप्त अनुभवों को ग्रहण करना है।
- यह भावनाएँ और इच्छाएँ उत्पन्न करता है, जो हमारे कार्यों और विचारों को प्रभावित करती हैं।

2. बुद्धि
- बुद्धि मुख्यतः दो कार्य करती है:
    1. अनुभवों और ज्ञान को संगृहीत करना।
    2. परिस्थिति के अनुसार उचित या अनुचित का निर्णय देना।

3. चित्त (चेतना)

- चित्त, अपनी तरंगों के माध्यम से, शरीर के प्रत्येक अंग को चेतन अवस्था में बनाए रखता है।
- यह आत्मा से जुड़ा हुआ है और गहनतम स्तर पर निर्णय लेने में सहायक होता है।

4. अहंकार

- अहंकार "मैं" और "मेरा" की भावना उत्पन्न करता है।
- यह अपनी इच्छाओं को प्राथमिकता देता है और कभी-कभी मन, बुद्धि, और चित्त की बातों को अनसुना कर देता है।

शवासन मन को शांति और स्थिरता प्रदान करने का एक उत्कृष्ट साधन है। यह तनाव और अशांति को दूर कर, मन को गहराई से विश्राम देता है। जब मन शांत होता है, तो प्राण, बुद्धि, अहंकार और चित्त के बीच संतुलन स्थापित होता है, जो आत्मा की यात्रा को सुगम बनाता है।

शवासन का अभ्यास (5 मिनट अनुलोम-विलोम से शुरुआत)

शवासन से पहले, हम 5 मिनट के लिए अनुलोम-विलोम प्राणायाम करेंगे, ताकि शरीर में ताजगी और मानसिक संतुलन बना रहे। यह प्राणायाम हमें गहरी शांति में प्रवेश करने के लिए तैयार करेगा।

1. **आसन में स्थित होना** - सबसे पहले, आप अपने स्थान पर पूरी तरह से आराम से लेट जाएं। शरीर का कोई भी अंग तनावमुक्त होना चाहिए। आपको एक आरामदायक स्थिति में लेटना है, जिससे शरीर का कोई भी हिस्सा किसी तरह की असुविधा महसूस न करे।

2. **शरीर की स्थिति** - अपने पैरों को थोड़ा फैलाकर रखें और ध्यान रखें कि आपके हथेलियां आकाश की ओर सीधे हों। यह स्थिति आपके शरीर को पूरी तरह से शिथिल कर देती है।

3. **सही वातावरण का चयन** - शवासन के अभ्यास के लिए अंधेरा या हल्का मंद प्रकाश सबसे उपयुक्त होता है। एक शांत और अंधेरे वातावरण में शवासन का अभ्यास करना अत्यधिक लाभकारी होता है, क्योंकि इससे आपके मन की चंचलता कम होती है और आप पूरी तरह से विश्राम की अवस्था में प्रवेश कर सकते हैं।

4. **फोकसिंग के साथ अभ्यास** - शवासन में अब आपको अपने शरीर के हर अंग पर ध्यान केंद्रित करना होगा, जैसा कि आपने त्राटक में किया था। ध्यान रखें कि आपके मन में सकारात्मक ऊर्जा का प्रवाह हो और आपके प्रत्येक अंग में शांति का अहसास हो।

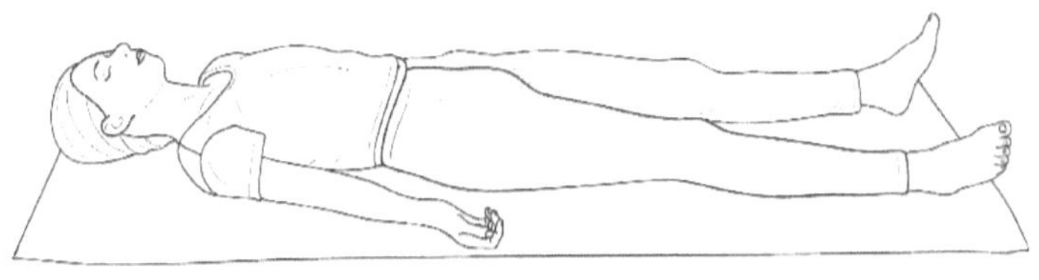

चित्र: शवासन

शरीर के अंगों पर ध्यान केंद्रित करें:

1. **दाहिने पैर की अंगूठी पर ध्यान** - सबसे पहले, अपने दाहिने पैर की अंगूठी पर ध्यान केंद्रित करें। अपनी कल्पना में सफेद प्रकाश

को महसूस करें और धीरे-धीरे इसे पैर की अंगूठी से लेकर पैरों, पिंडलियों, घुटनों, जांघों, और जननांग क्षेत्र तक फैलते हुए देखें।

2. **बाएं पैर की अंगूठी पर ध्यान** - अब बाएं पैर की अंगूठी पर ध्यान केंद्रित करें और वही सफेद प्रकाश बाएं पैर से लेकर बाएं पैर की अंगूठी से लेकर शरीर के सभी अंगों तक फैलता हुआ कल्पना करें।

3. **पीठ से पेट तक** - अब ध्यान केंद्रित करें और अपने पीठ से पेट तक सफेद प्रकाश का विस्तार महसूस करें। धीरे-धीरे इसे छाती, दाहिने हाथ, दाहिने कंधे और बाएं कंधे तक बढ़ने दें।

4. **छाती से चेहरे तक** - अब बाएं हाथ, बाएं कंधे, गर्दन और सिर तक सफेद प्रकाश को फैलने का भाव धारण करें।

5. **पूरे शरीर को सफेद प्रकाश में लपेटें** - अंत में, पूरे शरीर को सफेद प्रकाश में लपेट लें और अपने शरीर के हर अंग में शांति और ऊर्जा का संचार महसूस करें। यह पूरी प्रक्रिया शरीर के अंदर शांति और संतुलन लाने में मदद करती है।

शवासन साधना के 21 दिनों में अत्यधिक प्रभावी है। शवासन का अभ्यास करने से न केवल शारीरिक थकावट दूर होती है, बल्कि मानसिक शांति और आंतरिक ऊर्जा का संचार भी होता है, जो साधना के पथ पर आपके विकास में मदद करता है।

अध्याय 25: चक्र शुद्धिकरण ध्यान

अब हम अपनी साधना के अगले चरण की ओर बढ़ते हैं, जहां हम चक्रों पर ध्यान केंद्रित करेंगे। इस अध्याय में, हम 121 दिनों तक चक्र ध्यान का अभ्यास करेंगे, जिसमें प्रत्येक 21वें दिन एक नए चक्र पर ध्यान और मंत्र जाप किया जाएगा। इस प्रक्रिया में, हम धीरे-धीरे अपने आंतरिक ऊर्जा केंद्रों (चक्रों) को जागृत करेंगे, जिससे हमारी मानसिक और शारीरिक स्थिति में गहरी शांति और संतुलन आएगा।

प्रारंभ में 5 मिनट अनुलोम-विलोम प्राणायाम:

हर दिन के अभ्यास की शुरुआत 5 मिनट के अनुलोम-विलोम से करें। यह प्राणायाम आपके शरीर और मन को शांति में लाता है, और ध्यान में गहरी एकाग्रता स्थापित करने में मदद करता है।

ध्यान की स्थिति:

अब, एक शांत और अंधेरे कमरे में सुखासन या पद्मासन में बैठें। आपके आस-पास का वातावरण शांत और अंधेरा होना चाहिए, ताकि आपका ध्यान पूरी तरह से भीतर की ओर केंद्रित हो सके। यदि आपके पास पूरी अंधेरी जगह नहीं है, तो एक हल्का मंद प्रकाश भी हो सकता है, लेकिन ध्यान रखें कि आसपास कोई ध्वनि या विक्षेप न हो।

चक्र ध्यान की शुरुआत:

अब हम शुरुआत करेंगे **मूलाधार चक्र** से। ध्यान में, सबसे पहले अपनी ऊर्जा को इस चक्र की ओर केंद्रित करें। प्रत्येक चक्र के रंग, मन्त्र के बारे में विस्तार से मैंने पिछले अध्यायों में बताया है, वहां उन विशेषताओं को अधिक विस्तार से देख सकते हैं।

चित्र: मूलाधार चक्र ध्यान

मूलाधार चक्र पर ध्यान:

मूलाधार चक्र को अपनी रीढ़ की निचली स्थिति में, टेल बोन के ठीक नीचे स्थित माना जाता है। इसका रंग लाल होता है, और इसका बीज मंत्र " लऽम् " है। इस चक्र पर ध्यान केंद्रित करते हुए दोनों हाथों में पृथ्वी हस्त मुद्रा लगाएं, इसका रंग लाल और इसकी ऊर्जा को महसूस करें। साथ

ही, इस चक्र के बीज मंत्र " लSम् " का मध्यम वाणी में जाप करें। यह अभ्यास आपको 5 से 10 मिनट तक करना है।

अभ्यास के नियम:

- ध्यान केंद्रित करने के दौरान, अपनी रीढ़ को सीधा और शरीर को शांत रखें।
- यह अभ्यास 21 दिनों तक हर दिन करना है, पिछले अध्यायों में जो साधना नियम दिए गए हैं, उनका पालन करें।

21 दिन के बाद:

अब तक आपने 21 दिन तक केवल मूलाधार चक्र पर ध्यान किया है, तो अब हम अगले चरण की ओर बढ़ेंगे। इस समय, आपको **मूलाधार चक्र** और **स्वाधिष्ठान चक्र** दोनों पर ध्यान केंद्रित करना है। दोनों चक्रों के रंगों और मंत्रों पर यह अभ्यास 10-10 मिनट तक करना है, अर्थात कुल 20 मिनट अभ्यास ।

स्वाधिष्ठान चक्र पर ध्यान:

स्वाधिष्ठान चक्र शरीर के निचले हिस्से, पेट के नीचे, जननांग क्षेत्र के पास स्थित होता है। इसका रंग नारंगी होता है, और इसका बीज मंत्र "वSम्" है। इस चक्र पर ध्यान केंद्रित करते हुए दोनों हाथों में वरुण हस्त मुद्रा लगाएं, नारंगी रंग और इसकी ऊर्जा को महसूस करें। साथ ही, इसके बीज मंत्र "वSम्" का जाप मध्यम वाणी में करें।

42 दिन के बाद:

अब आपको 3 चक्रों पर ध्यान केंद्रित करना है—**मूलाधार, स्वाधिष्ठान, और मणिपुर चक्र।** मणिपुर चक्र की स्थिति पेट के नाभि के पास होती है और इसका रंग पीला होता है, साथ ही इसका बीज मंत्र "रऽम्" है। मणिपुर चक्र पर ध्यान के दौरान अग्नि हस्त मुद्रा लगाए। इन तीन चक्रों के रंगों और मंत्रों पर 10-10 मिनट ध्यान केंद्रित करें, अर्थात कुल 30 मिनट अभ्यास ।

63 दिन के बाद:

अब हम 4 चक्रों पर ध्यान करेंगे—**मूलाधार, स्वाधिष्ठान, मणिपुर, और अनाहत चक्र।** अनाहत चक्र हृदय क्षेत्र में स्थित होता है, और इसका रंग हरा होता है, इसका बीज मंत्र "यऽम्" है। इस चक्र पर ध्यान केंद्रित करें, हाथों में वायु हस्त मुद्रा लगाएं, और हरे रंग का ध्यान और इसके बीज मंत्र का जाप करें । चारों चक्रों के रंगों और मंत्रों पर 10-10 मिनट ध्यान केंद्रित करें, अर्थात कुल 40 मिनट अभ्यास।

84 दिन के बाद:

अब हम 5 चक्रों पर ध्यान केंद्रित करेंगे—**मूलाधार, स्वाधिष्ठान, मणिपुर, अनाहत, और विशुद्धि चक्र।** विशुद्धि चक्र गले के पास स्थित होता है, और इसका रंग नीला होता है और हस्त मुद्रा आकाश मुद्रा है, इसका बीज मंत्र "हऽम्" है। इस अभ्यास में 5 चक्रों पर ध्यान केंद्रित करें।

105 दिन के बाद 121 दिन तक:

अब हम 6 चक्रों पर ध्यान केंद्रित करेंगे—**मूलाधार, स्वाधिष्ठान,**

मणिपुर, अनाहत, विशुद्धि, और **आज्ञा चक्र**। आज्ञा चक्र बीच में, माथे के बीच, स्थित होता है, और इसका रंग इंडिगो होता है, इसका बीज मंत्र "ॐ" है। इन छह चक्रों पर ध्यान केंद्रित करें।

यह 121 दिनों का चक्र ध्यान अभ्यास न केवल एक साधना यात्रा का महत्वपूर्ण मील का पत्थर है, बल्कि यह आपके जीवन के सबसे गहरे और सशक्त परिवर्तन की ओर एक बड़ा कदम है। आपने अब तक जिस ध्यान और साधना की प्रक्रिया को अपनाया है, वह आपके जीवन को स्थिरता, संतुलन और शांति की ओर मार्गदर्शित करेगा। इन दिनों में किए गए हर एक चक्र ध्यान ने आपके आंतरिक ऊर्जा केंद्रों को सक्रिय किया है और अब आप एक ऐसे स्थान पर पहुंच गए हैं जहां आप पीछे नहीं लौट सकते। यह आपके आध्यात्मिक यात्रा की ऊंची शिखर की ओर बढ़ने का समय है।

अब आप एक नए स्तर पर हैं—एक ऐसा स्तर जहां कोई भी नकारात्मक ऊर्जा आपको वापस पीछे खींच सकती। आप अब सकारात्मकता और ऊर्जा से भरे हुए हैं, और आपके भीतर जो शांति और संतुलन आया है, वह आपको किसी भी विपरीत परिस्थिति में अडिग और स्थिर बनाए रखेगा। इस समय तक आपने अपने भीतर की शक्ति और धैर्य को पहचाना है।

अब, यह साधना का एक ऐसा मुकाम है, जहां से आपके लिए केवल प्रगति ही संभव है। आपकी यात्रा अब केवल ऊपर और आगे की ओर जाएगी। आपने जिस मार्ग पर कदम रखा है, वह अंततः आपकी आत्मा के उद्देश्य को पूरी तरह से पहचानने और उसे साकार करने की दिशा में ले जाएगा। अब आप इस साधना में हर दिन नए अनुभव, उच्चता और सच्चे ज्ञान की ओर बढ़ेंगे।

याद रखें, इस यात्रा में हर कदम एक नई सीख है, और आपको इस यात्रा को निरंतर जारी रखना है, क्योंकि आप अब उस अवस्था में पहुंच चुके हैं जहां केवल सकारात्मकता और उन्नति का मार्ग है। आपके भीतर हर चक्र की शक्ति अब पूरी तरह से विकसित हो चुकी है, और आप अपने भीतर की उच्चतम चेतना से जुड़ने के लिए तैयार हैं। यह साधना आपके जीवन को एक नई दिशा और उद्देश्य देगी, और आप उस जीवन को जीने के लिए समर्थ होंगे, जो सच में आपकी आत्मा की इच्छा और उद्देश्य के अनुरूप हो।

अध्याय 26: साधना के दौरान होने वाली रहस्यमय संवेदनाएं

यह बहुत सामान्य है कि साधना के दौरान, विशेष रूप से जब आप अपने चक्रों पर ध्यान केंद्रित कर रहे होते हैं, तो शरीर में विभिन्न प्रकार की संवेदनाएं उत्पन्न हो सकती हैं। जैसा कि हमने पहले सूक्ष्म और कारण शरीर के बारे में अध्ययन किया था, यह समझना महत्वपूर्ण है कि हमारे सूक्ष्म शरीर में स्थित चक्रों की ऊर्जा से जुड़ी पुरानी संस्कार (स्मृतियां) सक्रिय हो सकते हैं। कारण शरीर में स्थित ये पुराने संस्कार और अतीत की भावनाएं जब चक्र ऊर्जा के संपर्क में आती हैं, तो अक्सर यह संवेदनाएं उत्पन्न होती हैं। इसके अतिरिक्त, वर्तमान जीवनशैली और मानसिक/भावनात्मक तनाव भी इन संवेदनाओं का कारण बन सकते हैं। यह एक प्रकार का शुद्धिकरण होता है, जो आपके भीतर की गहरी नकारात्मकताओं और भय को दूर करने का काम करता है।

इस प्रक्रिया में जो संवेदनाएं होती हैं, वे न केवल शारीरिक शुद्धिकरण का प्रतीक होती हैं, बल्कि आपके आत्मिक विकास और ऊर्जा के संतुलन की दिशा में एक महत्वपूर्ण कदम भी होती हैं। ये संवेदनाएं आमतौर पर भय के रूप में प्रकट होती हैं, लेकिन यह डर केवल आपके शरीर और मन के पुराने अवरोधों का निस्तारण कर रहा होता है। इस अध्याय में हम उन सामान्य लक्षणों और संवेदनाओं के बारे में बात करेंगे, जो साधना के दौरान हो सकती हैं, जैसे कि चुभन (tingling), स्पंदन (vibrations), या भय की भावना।

चुभन, स्पंदन, दबाव या प्रकाश का अनुभव न केवल आपके सूक्ष्म शरीर के भीतर ऊर्जा के प्रवाह को दर्शाता है, बल्कि यह एक संकेत भी है कि आप अपने भीतर के पुराने अवरोधों को खत्म कर रहे हैं। भय या घबराहट भी इस प्रक्रिया का हिस्सा है, जो आपके आत्मा की गहरी सफाई और संतुलन की दिशा में एक सकारात्मक कदम है। इन्हें डरने की बजाय, इसे साधना के सफर के भाग के रूप में स्वीकारें, और शांति से अपना ध्यान जारी रखें।

शरीर में सामान्य लक्षण और संवेदनाएं:

1. **चुभन**   **(Tingling)**

    साधना के दौरान विशेष रूप से किसी विशेष चक्र पर ध्यान केंद्रित करते समय शरीर के किसी हिस्से में चुभन या झुनझुनी की अनुभूति हो सकती है। यह अनुभव उस चक्र की ऊर्जा को सक्रिय होने और आपके सूक्ष्म शरीर से जुड़े पुराने अवरोधों के साफ होने का संकेत है। उदाहरण के लिए, **मूलाधार चक्र** पर ध्यान करते समय पैरों या रीढ़ में चुभन महसूस हो सकते हैं, जो इस चक्र की ऊर्जा को जागृत करने के दौरान हो सकते हैं। यह अनुभव शुद्धिकरण की प्रक्रिया का हिस्सा है, और इसे चिंता की बात नहीं मानना चाहिए।

2. **स्पंदन**   **(Vibrations)**

    कभी-कभी साधना के दौरान आपके शरीर में हलकी या तेज़ स्पंदन / कंपन की अनुभूति हो सकती है, विशेष रूप से उस स्थान पर जहां ऊर्जा का प्रवाह अधिक तीव्र हो। यह चक्रों से संबंधित ऊर्जा के सक्रिय होने और आपके सूक्ष्म शरीर में ऊर्जा के संतुलन को प्राप्त करने का संकेत होता है। जैसे, **स्वाधिष्ठान चक्र** के दौरान पेट के निचले हिस्से में स्पंदन महसूस हो सकते

हैं। यह एक सामान्य शारीरिक प्रतिक्रिया है, जो आपके शरीर को ऊर्जा से भरने का काम करती है।

3. **दबाव** **(Pressure)**

कुछ लोग ध्यान करते समय किसी विशिष्ट चक्र या शरीर के किसी भाग पर दबाव या भारीपन महसूस कर सकते हैं। जैसे **मणिपुर चक्र** पर ध्यान करते समय पेट के आसपास दबाव का अनुभव हो सकता है। यह दबाव चक्र के सक्रिय होने और उस क्षेत्र में ऊर्जा के प्रवाह के दौरान हो सकता है। यह तनाव केवल पुराने अवरोधों को छोड़ने का संकेत है, जो अब शुद्ध हो रहे हैं।

4. **प्रकाश** **(Flashes)**

कभी-कभी, साधना के दौरान आंखों के बंद होने पर, आप कुछ क्षणों के लिए तेज़ प्रकाश या रंगों के झलक महसूस कर सकते हैं। यह प्रकाश चक्रों की ऊर्जा का संकेत होता है, जो आपके सूक्ष्म शरीर के भीतर सक्रिय हो रही होती है। उदाहरण के लिए, **आज्ञा चक्र** पर ध्यान करते समय अक्सर नीले रंग की रोशनी का आभास हो सकता है। यह अनुभव केवल मानसिक स्थिति के परिवर्तन का प्रतीक है और इसे किसी प्रकार के भटकाव या भ्रम के रूप में नहीं लेना चाहिए।

5. **घबराहट** **(Fear)**

कुछ साधक इस साधना के दौरान भय, घबराहट या अनजान डर महसूस कर सकते हैं, जो उनके वर्तमान जीवन के तनाव या अतीत के अनसुलझे मुद्दों से जुड़ा हो सकता है। यह डर या घबराहट, चक्रों के शुद्धिकरण के दौरान उत्पन्न होने वाली एक सामान्य प्रतिक्रिया है। यह पूरी प्रक्रिया का हिस्सा है, क्योंकि जैसे-जैसे हम अपने गहरे अवरोधों को हटाते हैं, हमारी चेतना

नए स्तर तक पहुंचने की ओर बढ़ती है। यह डर जल्द ही गायब हो जाएगा, जब आपका आत्मविश्वास और ऊर्जा की धारा मजबूत होगी।

6. गर्मी (Heat)

जब साधक के सूक्ष्म शरीर की ऊर्जा कारण शरीर की शुद्धि प्रक्रिया में सहयोग देती है, तब इसका भौतिक शरीर पर भी प्रभाव पड़ता है। यह आध्यात्मिक प्रगति का शुभ संकेत है। यह गर्मी का भाव धीरे-धीरे समय के साथ कम हो जायेगा। यदि साधक इस प्रक्रिया को थोड़ा सहज बनाना चाहता है, तो अपनी साधना की गति को थोड़े समय के लिए धीमा कर सकता हैं।

अध्याय 27: बेली ब्रीथिंग – प्राकृतिक श्वास

अब तक आप अपनी श्वास को जिस तरह से ले रहे थे, वह आपकी सुविधा के अनुसार था, लेकिन अब जब आपका शरीर और मानसिक स्थिति तैयार हो चुकी है, तो यह समय है कि आप अपनी श्वास लेने की शैली में बदलाव करना है। इस तरीके को सीखे बिना आप आगे की साधना के स्टेप नहीं कर सकते है। अब से, हम बेली ब्रीथिंग (पेट से श्वास लेना) का अभ्यास करेंगे।

बेली ब्रीथिंग यानी पेट से श्वास लेना, एक सरल और प्राकृतिक श्वास तकनीक है। इसमें, जब आप श्वास लेते हैं, तो आपका पेट बाहर की ओर फैलता है और जब आप श्वास छोड़ते हैं, तो पेट अंदर की ओर खिंचता है।

बेली ब्रीथिंग कैसे करें?

1. **आरामदायक स्थिति में बैठें:**
   शुरुआत के लिए सबसे पहले आराम से बैठ जाएं। आप **सुखासन, पद्मासन** में बैठ सकते हैं। यह सुनिश्चित करें कि आपकी पीठ सीधी हो और शरीर पूरी तरह से आरामदायक स्थिति में हो।

2. **हाथ को पेट पर रखें:**
   अपने एक हाथ को पेट पर रखें, ताकि आप श्वास के दौरान पेट की गति को महसूस कर सकें। श्वास लेते वक्त आपको महसूस होना चाहिए कि आपका पेट बाहर की ओर फैल रहा है, और

श्वास छोड़ते वक्त यह अंदर की ओर खिंचता है। यह प्रक्रिया शुरू में समझने के लिए ही करना है।

3. **धीरे-धीरे श्वास लें:**

   जब आप श्वास लें, तो इसे धीमे-धीमे और गहरे तरीके से अंदर खींचें। यह महसूस करें कि आपका पेट बाहर की ओर बढ़ रहा है। श्वास छोड़ते वक्त, पेट को अंदर की ओर संकुचित होने दें।

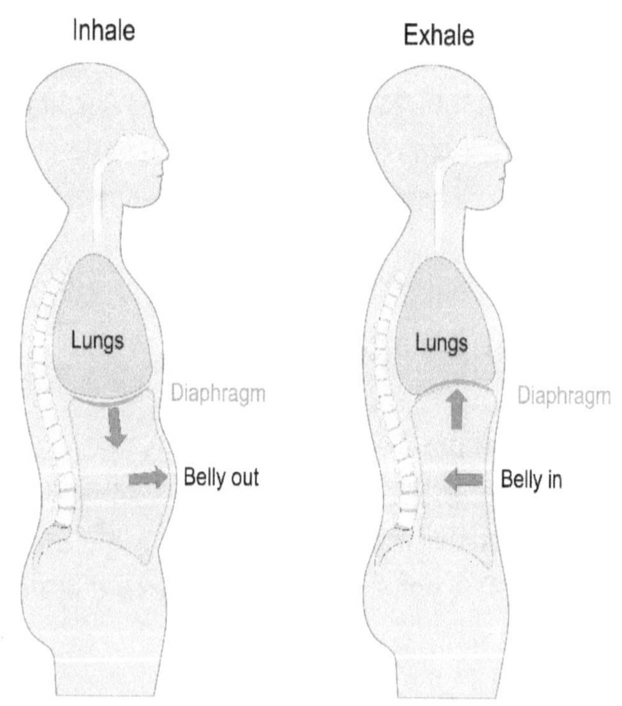

चित्र: बेली ब्रीथिंग

4. **स्वाभाविक गति पर ध्यान दें:**

   बेली ब्रीथिंग करते समय श्वास की गति को स्वाभाविक रूप से

नियंत्रित करें। अपनी श्वास को बिना किसी दबाव के सामान्य रूप से लें और छोड़ें। यह श्वास धीरे-धीरे और बिना किसी विशेष प्रयास के स्वाभाविक रूप से होने लगेगी।

बेली ब्रीथिंग के लाभ:

- **गहरी श्वास:** इस तकनीक से श्वास गहरी और शांत होती है, जिससे शरीर में ऑक्सीजन का प्रवाह अधिक होता है।
- **शरीर में संतुलन:** यह श्वास लेने का तरीका शरीर के भीतर संतुलन बनाए रखने में मदद करता है और शारीरिक प्रणाली को सक्रिय करता है।
- **प्राकृतिक तरीके से साँस लेना:** बेली ब्रीथिंग से श्वास को स्वाभाविक तरीके से नियंत्रित किया जाता है, जिससे शारीरिक स्थिति में आराम और मानसिक स्थिति में स्थिरता आती है।

अब, जब आप साधना का अभ्यास करेंगे, तो आपको अपने हर कार्य में बेली ब्रीथिंग उपयोग करना होगा—चाहे वह अनुलोम-विलोम हो, साधना की कोई और क्रिया हो या सामान्य रूप से श्वास लेना।

अध्याय 28: सोऽहम् ध्यान - आत्मा के साथ एकता का अनुभव

अब तक आपने अपनी साधना में विभिन्न तकनीकों और प्रक्रियाओं का अभ्यास किया है। चक्र ध्यान से लेकर शारीरिक और मानसिक संतुलन को प्राप्त किया है। अब समय आ गया है कि आप एक अधिक गहरी साधना की ओर बढ़ें - **सोऽहम् (So...hm) ध्यान**।

यह ध्यान साधना आपको अपने भीतर की चेतना से जुड़ने और आत्मा के गहरे रहस्यों को समझने का अवसर देती है। सोहम् ध्यान आत्मा के साथ एकता का अनुभव है। " सोऽहम् " शब्द का अर्थ होता है "मैं वही हूँ" या "मैं वही हूं, जो ब्रह्म है।" इस साधना के माध्यम से हम अपने भीतर की दिव्य चेतना को महसूस करने का प्रयास करते हैं, और यह समझते हैं कि हम सब एक ही स्रोत से उत्पन्न हैं।

श्रीमद्भगवद्गीता (अध्याय 6, श्लोक 5) में भगवान कहते हैं:

उद्धरेदात्मनात्मानं नात्मानमवसादयेत्।
आत्मैव ह्यात्मनो बन्धुरात्मैव रिपुरात्मनः।।

अर्थात मन, जो जीवात्मा का सबसे करीबी साथी है, वह आत्मा का मित्र भी बन सकता है और शत्रु भी। यदि साधक मन को नियंत्रण में रखता है, उसे शुद्ध करता है, तो मन आत्मा का मित्र बनकर उसे उन्नति की दिशा में ले जाता है। लेकिन अगर साधक मन की इच्छाओं और मोह में

फंस जाता है, तो वही मन आत्मा का शत्रु बनकर उसे उलझन और दुविधा में डालता है।

सोहम् ध्यान की विधि:

1. **आरामदायक स्थिति में बैठना:** सबसे पहले, आरामदायक और स्थिर स्थिति में बैठ जाएं। आप **सुखासन** या **पद्मासन** में बैठ सकते हैं। यह सुनिश्चित करें कि आपकी पीठ सीधी हो और शरीर पूरी तरह से आरामदायक हो।

2. **5 मिनट अनुलोम-विलोम:** अपनी साधना शुरू करने से पहले 5 मिनट के लिए **अनुलोम-विलोम** का **बेली ब्रीथिंग** के साथ अभ्यास करें। यह आपको मानसिक शांति और शारीरिक संतुलन प्राप्त करने में मदद करेगा। अनुलोम-विलोम से आपकी श्वास स्वाभाविक रूप से शांत और नियंत्रित होती है।

3. **5 मिनट विश्राम:** अब, कुछ क्षण के लिए आराम करें। अपने शरीर और मन को पूरी तरह से शांत और स्थिर होने दें। इस समय के दौरान, अपने शरीर में किसी भी प्रकार की तनाव या चिंता को महसूस करें और उन्हें छोड़ दें।

4. **सोहम् का अभ्यास:** अब, सोहम् ध्यान की मुख्य प्रक्रिया शुरू करें। इस ध्यान में, हम अपने श्वास हम अपने श्वास और मध्यमा वाणी को जोड़ते हैं जो धीरे-धीरे पश्यन्ति में बदल जाती है। इस अभ्यास में साधक को ध्यान हस्त मुद्रा लगनी चाहिए। ध्यान की प्रक्रिया इस प्रकार है:

श्वास अंदर लेने के दौरान ' सोऽ' (Soooo) का उच्चारण करें: जब आप श्वास अंदर लें, तो मध्यमा वाणी में 'सोऽ' (Soooo) ' का उच्चारण करें। इस ध्वनि को मानसिक रूप से महसूस करें। जब आप श्वास को अंदर लें, तो अपनी चेतना को **मूलाधार चक्र** से **आज्ञा चक्र** तक उठता हुआ महसूस करें।

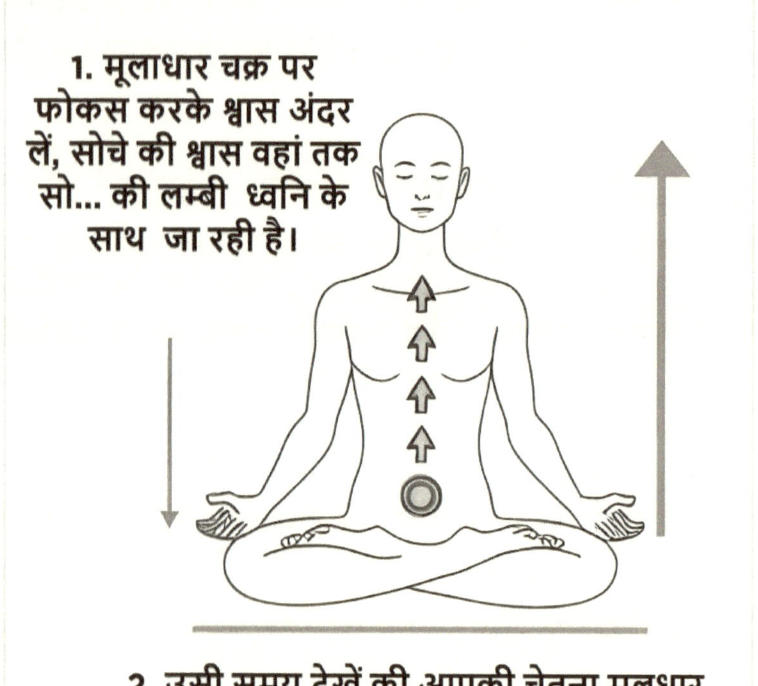

श्वास छोड़ने के दौरान 'हम्' का उच्चारण करें: जब आप श्वास छोड़ें, तो मध्यमा वाणी में ' हम् ' का उच्चारण करें। इस ध्वनि को महसूस करें,

और साथ ही अपनी चेतना को **आज्ञा चक्र** से **मूलाधार चक्र** की ओर लौटता हुआ अनुभव करें।

3. आज्ञा चक्र पर फोकस करके श्वास बाहर छोड़ें, सोचे की श्वास वहां तक हम् की ध्वनि के साथ बाहर जा रही है।

4. उसी समय देखें की आपकी चेतना आज्ञा चक्र से नीचे मूलाधार चक्र पर जा रही है।

बेली ब्रीथिंग तरीके से श्वास से लें और छोड़ें।

5. **चेतना की गति पर ध्यान:** सोहम् ध्यान का अभ्यास करते वक्त, श्वास के साथ चेतना की गति पर की गति पर ध्यान दें।

6. **समय और अवधि:** यह ध्यान कम से कम **15-20 मिनट** तक करें। आप इसे 21 दिनों तक निरंतर अभ्यास करें।

सोहम् ध्यान के लाभ:

1. **जागरूकता:**
   यह ध्यान हमें अपने भीतर के आत्म तत्व और वास्तविकता को अनुभव करने में मदद करता है। साधक समझ सकता है कि हम सभी एक ही दिव्य स्रोत से जुड़े हुए हैं।

2. **चेतना का विस्तार:**
   इस साधना के माध्यम से आपकी चेतना का विस्तार होता है। आप अपने अंदर की दिव्यता और शक्ति को महसूस करने लगते हैं।

3. **आध्यात्मिक विकास:**
   यह साधना आध्यात्मिक विकास के लिए अत्यंत महत्वपूर्ण है। सोहम् ध्यान के माध्यम से आप अपनी आध्यात्मिक यात्रा की ओर एक मजबूत कदम बढ़ाते हैं।

अध्याय 29: सोऽहम् ध्यान और विचार संतुलन

पिछले अध्याय में हमने ध्यान की विधि सीखी, लेकिन ध्यान के दौरान मन का चंचल होना स्वाभाविक है। ध्यान करते समय विचार बार-बार आने लगते हैं, जिससे साधना में बाधा उत्पन्न होती है। इस अध्याय में हम इन्हीं विचारों को संभालने और उन्हें साधना में सहायता के रूप में उपयोग करने की विधि पर चर्चा करेंगे। जैसे वाणी अध्याय में चर्चा की है. विचार मध्यमा वाणी होते हैं लेकिन इनको हमने पश्यन्ति में बदलना होता है जहाँ पर यह साधक सहायक बन जाते हैं ।

विचार क्या होते हैं?

विचार हमारे मस्तिष्क का स्वाभाविक कार्य हैं। एक जीवित मनुष्य विचारों को पूरी तरह से रोक नहीं सकता। विचार आना जीवन का प्रमाण है, लेकिन ये विचार साधना में बाधा डाल सकते हैं। ध्यान के दौरान जब विचार आते हैं, तो मन भटकने लगता है और साधना गहरी नहीं हो पाती।

इसलिए यह समझना आवश्यक है कि विचार स्वाभाविक हैं, लेकिन हमें उन्हें साधना की दिशा में उपयोग करना सीखना होगा।

विचारों को संभालने की विधि

विचारों को साधना में बाधा बनने से रोकने के लिए अद्वैत वेदांत में "निदिध्यासन" नामक एक प्रभावशाली तकनीक है। इसे सरल शब्दों में समझें तो इसका अर्थ है विचारों को बदलकर चिंतन की दिशा देना ।

निदिध्यासन में, आप अपने विचारों को रोकने के बजाय उन्हें एक विशिष्ट दिशा में ले जाते हैं। यह दिशा ब्रह्म चिंतन की होती है। साधारण शब्दों में, यह प्रक्रिया हमें विचारों को साधना का हिस्सा बनाने में मदद करती है।

श्रीमद्भगवद्गीता (अध्याय 2, श्लोक 50)) में भगवान कहते हैं:

बुद्धियुक्तो जहातिह उभे सुकृतदुष्कृते।
तस्माद्योगाय युज्यस्व योगः कर्मसु कौशलम् ॥

अर्थात जब हम ज्ञान योग को अपनाते हैं और अपने विचारों के साथ सुख-दुःख, शीत-उष्ण में समान दृष्टि रखते हैं तो जीवन की परिस्थितियों में समत्व बनाए रखने से मन और विचार स्थिर रहते हैं। यह चित्त की चंचलता को कम करने और आत्म-चिंतन को गहरा करने में मदद करता है।

ज्ञानमार्गी चिंतन का फॉर्मेट

निदिध्यासन के लिए, आप एक खुद का फॉर्मेट को अपनाकर चिंतन कर सकते हैं। साथ ही, आप अपने लिए किसी श्लोक या पंक्तियों का चयन भी कर सकते हैं, जैसे श्रीमद्भगवद्गीता के ज्ञानयोग अध्याय या अष्टावक्रगीता से कोई श्लोक।

यहाँ सरल उदाहरण के रूप में भज गोविंदम् से कुछ पंक्तियों पर आधारित चिंतन प्रस्तुत है:

तुम्हारी पत्नी कौन है? तुम्हारा पुत्र कौन है? यह संसार विचित्र है। तुम किसके हो? तुम कहाँ से आये हो?
इस प्रकार के प्रश्नों पर ध्यान केंद्रित करें और अपने मन को इस बात पर चिंतन करने दें कि संसार अस्थायी है। यह समझ आपको ध्यान में स्थिरता लाएगी।

धन, मित्र और यौवन का घमंड मत करो। ये सब एक क्षण में नष्ट हो जाते हैं। माया के संसार के मोह से मुक्त हो जाओ और शाश्वत सत्य को प्राप्त करो।

मन में यह भावना करें कि माया का मोह केवल अस्थायी है। अपने असली स्वरूप, सत्य और ब्रह्म की ओर ध्यान लगाएँ।

दिन का उजाला और अँधेरा, शाम और भोर, सर्दी और बसंत आते-जाते रहते हैं। समय चलता रहता है और जीवन ढल जाता है। लेकिन इच्छाओं का तूफ़ान कभी नहीं जाता।

विचार करें कि जीवन क्षणभंगुर है, और इच्छाएँ असीमित हैं। ब्रह्म में स्थिर होना ही हमारा लक्ष्य है।

जो निर्विकल्प, महान और अविनाशी है, क्षर (शरीर) और अक्षर (जीव) से भिन्न है तथा नित्य, अव्यय, आनंदस्वरूप और निष्कलंक है वह ब्रह्म ही तुम हो - ऐसी हृदय में भावना करो।

अपने ध्यान में बार-बार यह चिंतन करें कि "मैं ब्रह्म हूँ। यह शरीर और यह संसार अस्थायी हैं।"

भक्तिमार्गी चिंतन का फॉर्मेट

भक्त के लिए चिंतन का आधार अपने आराध्य (ईश्वर) की महिमा और उनके प्रति समर्पण होना चाहिए। भक्त ध्यान के दौरान अपने विचारों को अपने आराध्य के स्वरूप, लीलाओं और गुणों की ओर मोड़ सकता है। उदाहरणस्वरूप:

1. **"तुम कौन हो? मैं कौन हूँ? सब कुछ तुम्हीं हो, हे प्रभु! यह जगत तुम्हारी लीला है, और मैं तुम्हारा अंश हूँ।"**

अपने मन को इस भावना में डुबो दें कि ईश्वर सर्वत्र विद्यमान हैं, और सब कुछ उन्हीं की इच्छा से होता है।

2. **"हे प्रभु, मैं तुम्हारा हूँ और तुम मेरे हो। मेरे जीवन का हर क्षण तुम्हारे चरणों में समर्पित है।"**

अपने आराध्य के प्रति पूर्ण समर्पण की भावना के साथ ध्यान करें। यह भावना आपके मन को शांत और स्थिर करेगी।

3. **"तुम्हारा नाम ही मेरा सहारा है। मैं हर पल तुम्हारे नाम का जप करता हूँ, क्योंकि यही मेरी नैया पार लगाने वाला है।"**

अपने आराध्य के नाम और उनकी महिमा का स्मरण करें, और इस भावना में डूब जाएँ कि उनका नाम ही आपकी साधना का आधार है।

4. **"हे प्रभु, यह जगत तुम्हारा ही स्वरूप है। मैं हर व्यक्ति और वस्तु में तुम्हें देखता हूँ। मेरे जीवन का उद्देश्य केवल तुम्हारी सेवा और प्रेम है।"**

इस चिंतन के माध्यम से भक्त अपने विचारों को ईश्वर के प्रति प्रेम और समर्पण में परिवर्तित कर सकता है।

भक्त के लिए इस प्रकार का चिंतन न केवल साधना को सरल बनाता है, बल्कि ईश्वर के प्रति उसके प्रेम और विश्वास को भी गहरा करता है।

अध्याय 30: नाभि क्रिया: ऊर्जा का प्रवाह और शुद्धिकरण

अब तक हम साधना के विभिन्न चरणों को पार कर चुके हैं, जैसे कि चक्र ध्यान और सोहम् ध्यान, जो हमारे तीन शरीरों—भौतिक, मानसिक, और सूक्ष्म शरीर को शुद्ध करने का काम कर रहे हैं। अब समय आ गया है कि साधक अपनी साधना को और तेज़ी से आगे बढ़ाएं और अपनी ऊर्जा को सशक्त बनाएं। इसके लिए हम **नाभि क्रिया** का अभ्यास करेंगे, जो शारीरिक और मानसिक शुद्धिकरण के लिए अत्यंत प्रभावी है। यह अभ्यास कम से कम 90 दिनों तक नियमित रूप से करना होगा।

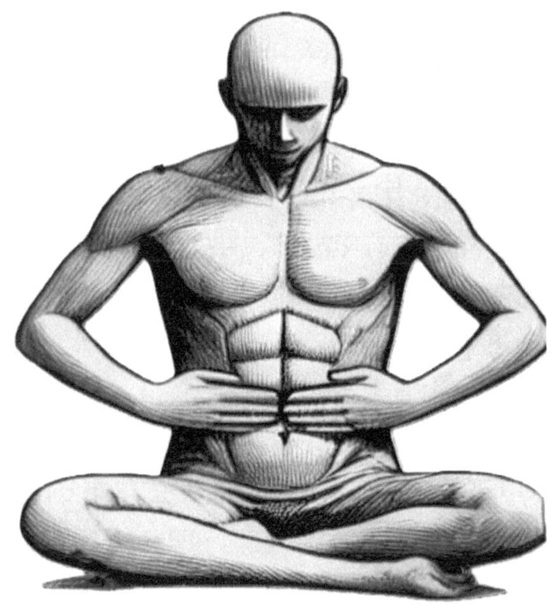

चित्र: नाभि क्रिया - अंगुलियाँ पेट के लंबवत (टी आकार) में रखना है

नाभि क्रिया के अभ्यास के चरण:

1. **5 मिनट अनुलोम-विलोम:** सबसे पहले, अपनी साधना की शुरुआत **5 मिनट अनुलोम-विलोम** से करें।

2. **बेली ब्रीथिंग का अभ्यास:** जैसा कि हम पहले ही बेली ब्रीथिंग की तकनीक को जान चुके हैं, नाभि क्रिया में यह जरूरी भी है और तभी इस क्रिया के प्रभावी परिणाम प्राप्त होंगे।

3. **सही स्थिति में बैठें:** नाभि क्रिया के लिए सबसे पहले आरामदायक और स्थिर स्थिति में बैठ जाएं। आप **सुखासन, पद्मासन** में बैठ सकते हैं। यह सुनिश्चित करें कि आपकी पीठ सीधी हो और शरीर पूरी तरह से आरामदायक स्थिति में हो।

4. **हाथ की स्थिति:** अब अपने दोनों हाथों की उंगलियों को **नाभि** (नाभि के पास स्थित मणिपुर चक्र) के दोनों ओर रखें। उंगलियाँ नाभि के पास दोनों तरफ़ एक-दूसरे के समानांतर और लंबवत होनी चाहिए, और हल्का सा दबाव डालें ताकि उंगलियाँ पूरी तरह से त्वचा से जुड़ सकें।

5. **हल्का दबाव डालते हुए तेज़ श्वास छोड़ें:** अब, जब आप श्वास छोड़ने के लिए तैयार हों, तो अपनी उंगलियों के दबाव के साथ **तेज श्वास छोड़ें।** इस क्रिया में आपको श्वास को 1 या 2 सेकंड के अंदर तेजी से बाहर छोड़ना है, जिससे नाभि के ऊपर के मांसपेशियों से हवा पूरी तरह से बाहर निकल जाए। इस दौरान, पेट को अंदर की ओर खींचने के लिए पेट की मांसपेशियों का प्रयोग करें। शुरूआत

में 30-60 श्वासों तक यह क्रिया करें। कुछ दिनों के बाद धीरे-धीरे श्वासों की संख्या बढ़ाकर आप इसे 150 तक कर सकते हैं। ध्यान दें कि बहुत अधिक श्वास लेने से चक्कर या चित्त में हलचल हो सकती है, इसलिए शुरुआत में 30-60 श्वासों से ही करें।

6. **त्वरित श्वास अंदर लें:** फिर, एकदम तेज़ श्वास अंदर लें और फेफड़ों को भरें। श्वास को तेजी से अंदर खींचते समय ध्यान रखें कि पेट बाहर की ओर फैलता है।

7. **कूल डाउन और ब्रेक:** इसके बाद हाथों को हटा कर 2-3 गहरी साँस लें।

8. **ध्यान मुद्रा:** अब हाथों को पेट से हटा कर ध्यान मुद्रा की स्थिति में ले आएं

9. **मणिपुर चक्र पर ध्यान केंद्रित करें:** जब आप श्वास छोड़ रहे होते हैं और पेट को अंदर की ओर खींच रहे होते हैं, तो इस समय आप अपने **मणिपुर चक्र** पर ध्यान केंद्रित करें। नाभि एरिया में अपने हाथों के दबाव के स्थान पर एक हल्की **झनझनाहट (Tingling)** महसूस कर सकते हैं। इसी समय, मानसिक रूप से **मणिपुर चक्र का बीज मंत्र** (मध्यम वाणी) का जाप करें। गहरी **बेली ब्रीथिंग** करते हुए इसे महसूस करें।

10. **अगले चक्रों पर ध्यान केंद्रित करें:**
अब, जैसे ही आपने **मणिपुर चक्र** पर ध्यान केंद्रित किया है, आप अपने ध्यान को अगली चक्रों की ओर ले जाएं। अपनी मानसिक एकाग्रता को बदलना है और चक्रों पर ध्यान केंद्रित करना है।

- **मणिपुर चक्र से हृदय चक्र की ओर:**
  धीरे-धीरे अपनी मानसिक एकाग्रता को अनाहत चक्र की ओर मूव करें। इस समय, आप **अनाहत चक्र का बीज मंत्र** (मध्यम वाणी) का मानसिक जाप करें।

- **अनाहत चक्र से विशुद्धि चक्र की ओर:**
  अब **अनाहत चक्र** के बाद, आपका ध्यान **विशुद्धि चक्र** पर जाए। इस चक्र पर ध्यान केंद्रित करते हुए, आप **विशुद्धि चक्र का बीज मंत्र** का मानसिक जाप करें। इसे महसूस करते हुए, गहरे मानसिक शांति के साथ मंत्र का जाप करें।

- **विशुद्धि चक्र से आज्ञा चक्र की ओर:**
  फिर, अपनी मानसिक ध्यान को **आज्ञा चक्र** की ओर स्थानांतरित करें। इस चक्र के लिए **आज्ञा चक्र का बीज मंत्र** (मध्यम वाणी) का मानसिक जाप करें, और इसे शांति से महसूस करें।

- **आज्ञा चक्र से पुनः विशुद्धि चक्र और अनाहत चक्र की ओर:**
  अब, ध्यान को **विशुद्धि चक्र** और फिर से **अनाहत चक्र** की ओर लौटाएं। इन चक्रों पर ध्यान केंद्रित करते हुए, बीज मंत्र का मानसिक जाप करें और उनके प्रभाव को महसूस करें।

- **हृदय चक्र से मणिपुर चक्र की ओर:**
  इसके बाद, अपना ध्यान वापस **मणिपुर चक्र** की ओर लेकर

जाएं। **मनिपुर चक्र** पर फिर से ध्यान केंद्रित करें और उसका बीज मंत्र जाप करें।

- **स्वाधिष्ठान और मूलाधार चक्र की ओर:**
  अब, ध्यान को **स्वाधिष्ठान** और **मूलाधार चक्र** (पर ले जाएं। इन चक्रों के बीज मंत्रों का मानसिक जाप करते हुए, उनकी ऊर्जा को महसूस करें।

11. **प्रति दिन दो बार अभ्यास करें:** इस अभ्यास को हर दिन **दो बार** करें। यदि आप इसे अधिक तेज़ी से प्रभावी बनाना चाहते हैं, तो आप इसे **दो सत्रों** में विभाजित कर सकते हैं—एक सुबह और एक शाम।

अध्याय 31: कार्मिक अवरोध भेदन: साक्षात्कार की ओर पहला कदम

अब तक, आपने चक्रों की ऊर्जा को समझा और प्राण के प्रवाह को नियंत्रित किया। आपके तीनों शरीर—भौतिक, मानसिक और सूक्ष्म—शुद्ध हो रहे हैं, और अब आप अपनी साधना के अगले चरण में प्रवेश कर रहे हैं। यह चरण कार्मिक अवरोध(गाँठ) भेदन करके आपकी चेतना को ऊपरी कोशों में स्थायित्व प्रदान कर देता है, जिससे आप अपनी मानसिक स्थिति को नियंत्रित करने में सक्षम होंगे।

श्रीमद्भगवद्गीता (अध्याय 3, श्लोक 43) में भगवान कहते हैं:

एवं बुद्धेः परमं बुद्ध्वा संस्तभ्यात्मनं आत्मना।
जहि शत्रुं महाबाहो कामरूपं दुरासदम्।।

अर्थात जब साधक अपनी बुद्धि का सही उपयोग करके स्वंय को नियंत्रित करता है, तो वह अपने भीतर की इच्छाओं और संवेगों को परास्त कर सकता है। यह करना बहुत मुश्किल होता हैं, लेकिन जब साधक इन्हें नियंत्रित करता है तो अपने आंतरिक अवरोधों से मुक्त हो जाता है।

जैसे ही आप 21 दिन का कार्मिक अवरोध भेदन के अभ्यास को शुरू करेंगे, आप न केवल अपनी ऊर्जा को नियंत्रित करेंगे, बल्कि अपनी मानसिक अवस्था को भी पूरी तरह से शुद्ध और स्थिर बनाएंगे। ये कार्मिक अवरोध तीन स्तरों पर कार्मिक अकाउंट के रूप में प्रकट होते हैं, जिन्हें

शास्त्रों में ग्रंथि (गाँठ) के रूप में प्रतीकित किया गया है। तीनों ग्रंथियों के भेदन से आपकी कुंडलिनी शक्ति पुर्णत: जाग्रत हो जाती है।

कार्मिक अवरोध(गाँठ) और उनकी स्थितियाँ

1. ब्रह्म ग्रंथि (Brahma Granthi)

- **स्थान:**

  ब्रह्म ग्रंथि **मूलाधार** और **स्वाधिष्ठान** चक्रों के बीच स्थित होती है। इसे **पेरिनियल नॉट** भी कहा जाता है, जो हमारे शरीर के निचले हिस्से में स्थित होती है।

- **अर्थ:**

  ब्रह्म ग्रंथि शरीर में ऊर्जा संकुचन (contraction) को प्रदर्शित करती है, जो हमें भौतिक दुनिया से जोड़ती है। यह अस्तित्व, सुरक्षा, प्रजनन और निष्क्रियता के साथ जुड़ी होती है।

- **चुनौतियाँ:**

  ब्रह्म ग्रंथि का भेदन करते समय, आपको अपने आंतरिक डर और असुरक्षा से जुड़ी भावनाओं का सामना करना पड़ेगा। इस दौरान कुछ सवाल आपके मन में उठ सकते हैं, जिनका उत्तर आपको अपने भीतर से ढूंढना होगा। उदाहरण के लिए:

  - "अगर मेरा पैसा चला जाएगा तो क्या होगा?"
  - "अगर मुझे भोजन नहीं मिलेगा तो क्या होगा?"
  - "अगर मेरा परिवार मुझे छोड़ देगा तो क्या होगा?"
  - "अगर समाज मुझे अपमानित करेगा तो क्या होगा?

इन सवालों का उत्तर देने से आप अपने अस्तित्व और भौतिक जरूरतों के प्रति निर्भरता को समझ पाएंगे और इससे बाहर निकलने के लिए मानसिक स्वतंत्रता की ओर बढ़ेंगे।

2. विष्णु ग्रंथि (Vishnu Granthi)

- **स्थान:**

  विष्णु ग्रंथि **मणिपुर चक्र** और **आनाहत चक्र** के बीच स्थित होती है। यह ग्रंथि **आनाहत चक्र** में भी स्थित मानी जाती है, जो हमारे भावनात्मक और मानसिक संतुलन से जुड़ी होती है।

- **अर्थ:**

  विष्णु ग्रंथि आत्म-स्वीकृति, इच्छाओं और मानसिक संलग्नताओं का प्रतीक है। यह ग्रंथि विशेष रूप से हमारे आत्म-मूल्यों, शक्ति, और संपत्ति से जुड़ी होती है, और इसको भेदन करने से हम अपनी मानसिक इच्छाओं और संलग्नताओं से मुक्ति पा सकते हैं।

- **चुनौतियाँ:**

  विष्णु ग्रंथि का भेदन करते समय, आपको अपनी इच्छाओं, भौतिक संपत्तियों, और मानसिक संलग्नताओं से मुक्ति पाने की आवश्यकता होती है। इसके दौरान, कुछ सवाल आपके मन में उत्पन्न हो सकते हैं, जैसे:

  - "क्या होगा अगर मेरी शक्ति चली जाएगी?"
  - "क्या होगा अगर मैं अपनी पहचान खो दूंगा?"
  - "क्या होगा अगर मैं अपनी इच्छाओं से मुंह मोड़ लूंगा?"
  - "क्या होगा अगर मैं अपने रिश्तों से दूर हो जाऊंगा?"

  इन सवालों का सामना करते हुए आप अपनी शक्ति और नियंत्रण को छोड़ने के लिए तैयार होंगे, ताकि आप अपने आत्म-साक्षात्कार की ओर बढ़ सकें।

3. रुद्र ग्रंथि (Rudra Granthi)

- **स्थान:**

  रुद्र ग्रंथि **विशुद्धि चक्र** और **आज्ञा चक्र** के बीच स्थित होती है, जो हमारे मानसिक नियंत्रण, आत्मविश्वास और शक्ति से जुड़ी होती है।

- **अर्थ:**

  रुद्र ग्रंथि का संबंध हमारे मानसिक और आत्मविश्वास से जुड़ी होती है। यह ग्रंथि **सिद्धियों** (paranormal powers) के प्रति हमारे अति आकर्षण को दर्शाती है, जो हमारे साधना के वास्तविक मार्ग से हमें भटका सकती है।

- **चुनौतियाँ:**

  रुद्र ग्रंथि के भेदन के दौरान, आपको अपने आत्मविश्वास, शक्ति, और मानसिक परिपक्वता से संबंधित कई आंतरिक संघर्षों का सामना करना पड़ सकता है। इस दौरान, आपके मन में कई सवाल उठ सकते हैं, जैसे:

  - "क्या होगा अगर मुझे सिद्धियाँ मिल गईं तो?"
  - "क्या होगा अगर मैं अपनी शक्ति का गलत उपयोग करूं?"
  - "क्या होगा अगर मेरी पहचान और अस्तित्व खतरे में पड़ जाएं?"
  - "क्या होगा अगर मुझे मेरी मानसिक स्थिति से मुक्ति न मिले?"

  इन सवालों का सामना करते हुए, आपको अपनी पहचान, शक्ति और आत्मविश्वास की वास्तविकता से साक्षात्कार होगा, जिससे आप मानसिक और आत्मिक मुक्ति की ओर बढ़ेंगे।

भेदन की प्रक्रिया

ग्रंथि मूल रूप से प्रकृति के सुरक्षा तंत्र की तरह होते हैं। ये उस व्यक्ति के मानसिक और भावनात्मक विकास के हिसाब से स्थित होते हैं। एक साधक की हर ग्रंथि के माध्यम से एक निश्चित स्तर की चेतना की सुरक्षा होती है, जो उसे नकारात्मक ऊर्जा और मानसिक विकारों से बचाती है। इन ग्रंथियों के भेदन से साधक की चेतना एक नए स्तर पर पहुँचती है, लेकिन इसके लिए आवश्यक है कि उसका शरीर, मन और आत्मा पहले से शुद्ध हो, ताकि वह इस यात्रा को सही तरीके से और बिना किसी दुष्परिणाम के पूरा कर सके।

योगिक भेदन की प्रक्रिया का उल्लेख यहाँ मैं साधक के हित दृष्टि से नहीं कर रहा हूँ – यह बात बहुत महत्वपूर्ण है, क्योंकि ग्रंथि भेदन एक गहरी और संवेदनशील प्रक्रिया है। इसे केवल एक सशक्त, संतुलित और मानसिक रूप से तैयार साधक ही कर सकता है। लेकिन ज्ञान मार्गी और भक्ति मार्गी साधक जब इतनी लंबी ध्यान अभ्यास प्रक्रिया से गुजरता है, तो उसकी अंतरात्मा और विवेक अवश्य ही उसे तरीका बताएंगे, वह खुद ही जान पाएगा कि कब और कैसे ग्रंथि भेदन करना चाहिए। इसमें प्रक्रिया आपके शरीर में कोई भौतिक गांठ नहीं खुलने वाली है । लेकिन हठयोग में कुछ विशेष प्रकिया से बिना तैयारी के भी हो जाता है वो सिर्फ योग्य गुरु मार्गदर्शन में ही करना चाहिए।

यह भी सच है कि अगर किसी साधक ने बिना पूरी तैयारी और समझ के ग्रंथि भेदन की कोशिश की, तो इसका असर उसके जीवन पर नकारात्मक रूप से हो सकता है। इसलिए, यह प्रक्रिया केवल तब ही की जानी चाहिए जब साधक अपने मानसिक और शारीरिक स्तर पर पूरी तरह से सशक्त और स्थिर हो चुका हो। अनियंत्रित ग्रंथि भेदन से उसके

जीवन की व्यवस्था और मानसिक शांति में विक्षोभ आ सकता है। यह न केवल उसकी साधना को प्रभावित कर सकता है, बल्कि उसके मानसिक स्वास्थ्य पर भी गंभीर प्रभाव डाल सकता है। बिना समझ के **यह ठीक वैसा ही है, जैसे 100 Watt के बल्ब में 1000 Watt विद्युत प्रवाह करवा देना , तो यह बल्ब को नष्ट कर देता है**

बल पूरक ग्रंथि भेदन – अगर इसे बिना सही मानसिक स्थिति और अनुशासन के किया जाता है, तो यह मानसिक विक्षिप्तता का कारण बन सकता है। जब ग्रंथि को तेज़ी से और अव्यवस्थित रूप से खोला जाता है, तो यह साधक को आंतरिक संघर्षों, मानसिक उलझनों और आत्म-निर्णय की कमी का सामना करवा सकता है। इसलिए, यह जरूरी है कि ग्रंथि भेदन की प्रक्रिया को धीरे-धीरे, ध्यानपूर्वक और बिना किसी दबाव के किया जाए।

साधक को यह समझना होगा कि ग्रंथि भेदन एक सहज और धीमी प्रक्रिया है, जो आत्म-समझ और मानसिक विकास के साथ जुड़ी होती है। इसे जरा भी जल्दबाजी में न करें। यही कारण है कि मैं इसे साधक के हित दृष्टि से विस्तार से नहीं बता रहा हूँ। अगले अध्याय में, हम ग्रंथि भेदन के बाद की अवस्थाएँ और उनके प्रभावों पर चर्चा करेंगे, और यह समझेंगे कि कैसे आप इन अवस्थाओं में प्रवेश कर सकते हैं।

अध्याय 32: साधक की दिव्य अवस्थाएँ

साधक, यदि आपने ग्रंथि भेदन की इस स्थिति तक अपनी यात्रा पूरी की है, तो यह आपकी साधना का एक अत्यंत महत्वपूर्ण पड़ाव है। यह केवल आपकी निष्ठा और धैर्य का परिणाम है। यह दर्शाता है कि आपने अपने तीनों शरीरों—स्थूल, सूक्ष्म, और कारण की शुद्धि में बड़ी प्रगति की है। इस चरण में, आपकी कुंडलिनी ऊर्जा सक्रिय हो चुकी है और आपकी चेतना ने नए आयामों को छूना शुरू कर दिया है।

यह अवस्था साधना की ऊँचाइयों में प्रवेश का संकेत देती है, जहाँ आपके अनुभव और भी गहरे और अनोखे होने लगते हैं। आपके भीतर स्वतः ही कई योगिक क्रियाएँ होने लगती हैं, और आपकी चेतना कई अद्भुत अवस्थाओं में प्रवेश करती है। आइए इन अवस्थाओं को विस्तार से समझें।

उन्मनी अवस्था

उन्मनी अवस्था वह स्थिति है, जब मन पूरी तरह से स्थिर हो जाता है और बाहरी जगत के प्रति उसकी पकड़ समाप्त हो जाती है। यह अवस्था साधक को उच्चतर चेतना का अनुभव कराती है, जहाँ विचार, धारणाएँ, और इच्छाएँ विलीन हो जाती हैं।

लक्षण:

- आपको ऐसा प्रतीत होगा कि आपका मन किसी एक स्थान पर "रुक गया" है।
- बाहरी दुनिया की चीज़ें जैसे दृष्टि, ध्वनि, स्वाद, या दर्द की अनुभूति कम या बंद हो जाती है।

- आप समय और स्थान के बोध से परे चले जाते हैं।

उन्मनी अवस्था के उपप्रकार:

1. **दृष्टि की स्थिरता:** आँखें खुली हों या बंद, लेकिन उनका ध्यान कहीं और नहीं जाता।
2. **श्रवण का लोप:** आपको बाहरी ध्वनियाँ सुनाई नहीं देतीं, और ध्यान केवल भीतर की ध्वनि (नाद) पर केंद्रित हो जाता है।
3. **स्वाद का विलीन होना:** मुँह में कोई स्वाद नहीं आता और आप इस अनुभव से मुक्त महसूस करते हैं।
4. **दर्द और संवेदना का लोप:** शरीर में दर्द, थकावट, या अन्य संवेदनाएँ समाप्त हो जाती हैं।

यह अवस्था साधक के भीतर गहरी स्थिरता और आत्मिक संतुलन लाती है।

सिद्धावस्था

सिद्धावस्था वह स्थिति है, जब आपका शरीर स्वतः ही कुछ योगिक क्रियाओं को करने लगता है। यह आपकी कुंडलिनी ऊर्जा के जागरण का परिणाम है, जहाँ ऊर्जा आपके शारीरिक और मानसिक संतुलन को बनाए रखने के लिए स्वतः ही काम करती है।

लक्षण:

- बिना प्रयास के कुछ योगिक मुद्राएँ बनना।
- स्वाभाविक रूप से सांस की गति धीमी हो जाना या कुंभक की स्थिति में जाना।
- सोते समय या आराम करते समय शरीर का किसी विशेष मुद्रा में स्थिर हो जाना।

सिद्धावस्था के उपप्रकार:

स्वतः मुद्राएँ: जैसे सोते समय हाथों या पैरों का किसी विशेष मुद्रा में आ जाना।

स्वतः कुंभक: सांस का स्वतः ही कुछ क्षणों के लिए रुक जाना, जिससे ऊर्जा का संचार संतुलित होता है।

स्वतः बंध: जैसे मुँह, गला, या पेट के क्षेत्र में बिना प्रयास के बंध का अनुभव।

यह अवस्था दिखाती है कि आपकी चेतना और ऊर्जा ने तीनों शरीरों पर नियंत्रण करना शुरू कर दिया है और यह आत्म-तत्व की दिशा में काम कर रही है।

आनंद अवस्था

आनंद अवस्था एक दिव्य अनुभूति है, जो गहरे वैराग्य और आध्यात्मिक संगीत के संपर्क में आने पर प्रकट होती है। यह स्थिति साधक को पूर्णता, शांति और सुख का अनुभव कराती है।

लक्षण:

- आपको बिना किसी बाहरी कारण के अत्यंत सुख का अनुभव होता है।

- यह अवस्था गहरी ध्यान की स्थिति में स्वतः प्रकट हो सकती है।

- विशेष रूप से, जब आप **निर्वाण षटकम्** जैसे वैराग्यपूर्ण और गहन आध्यात्मिक संगीत को सुनते हैं।

आनंद अवस्था के उपप्रकार:

1. **आनंद से आँसू:** यह आँसू दुख से नहीं, बल्कि आत्मा की संतुष्टि और आंतरिक शांति से आते हैं।

2. **हृदय की भावुकता:** हृदय में गहरा वैराग्य और परमात्मा के प्रति समर्पण का अनुभव।

3. **ऊर्जा का विस्फोट:** शरीर में ऊर्जा के तीव्र प्रवाह का अनुभव, जो आनंद की अनुभूति कराता है।

यह अवस्था साधक को परमात्मा के साथ एकता का अनुभव कराती है।

ग्रंथि भेदन के बाद की ये अवस्थाएँ साधना की गहराई और सफलता को दर्शाती हैं। यह आपकी चेतना को एक नई ऊँचाई पर ले जाती हैं। यदि आप इस चरण में हैं, तो यह आपकी साधना की प्रगति का प्रमाण है।

इन अवस्थाओं को ध्यान और आत्म-निरीक्षण के माध्यम से और गहराई से अनुभव किया जा सकता है। आपकी कुंडलिनी ऊर्जा अब आपके भीतर सक्रिय रूप से काम कर रही है, और यह आपकी इच्छानुसार आपको वांछित अवस्थाओं में ले जा सकती है।

दिव्यावस्था के परे

साधना की यात्रा में एक ऐसा पड़ाव आता है जहाँ साधक दिव्यावस्था के भी परे चला जाता है। यह वह स्थिति है जहाँ न केवल अवस्थाएँ समाप्त होती हैं, बल्कि साधक स्वयं के अस्तित्व को भी पार कर लेता है। यह अंतिम अवस्था है, जिसे केवल अनुभव किया जा सकता है, समझाया नहीं जा सकता। इस अवस्था में या तो ज्ञान समाधि होती है या फिर निर्विकल्प समाधि।

ज्ञान समाधि और निर्विकल्प समाधि

- **ज्ञान समाधि:**
यह वह स्थिति है जहाँ ब्रह्मांड का प्रत्येक कण आपके भीतर समाहित हो जाता है। साधक को आत्मा और परमात्मा के बीच कोई भेद नहीं दिखता। यह पूर्ण चेतना की अवस्था है, जहाँ केवल "मैं" का ही अस्तित्व बचता है, लेकिन वह "मैं" भी ब्रह्मांडीय "मैं" में विलीन हो चुका होता है।

- **निर्विकल्प समाधि:**
इस अवस्था में साधक अपने अस्तित्व का भी त्याग कर देता है। यह शून्यता की अवस्था है, जहाँ न कोई विचार होता है, न कोई चेतना, न कोई अनुभव। यह पूर्ण मौन और शांति की स्थिति है।

आप इसे समझा नहीं सकते, केवल अनुभव कर सकते हैं। यहाँ सबसे रोचक बात यह है कि इस अवस्था को किसी शब्द, विचार, या भाषा के माध्यम से व्यक्त करना असंभव है। ऐसा इसलिए क्योंकि इस अवस्था में "आप" ही नहीं रहते। यह वह स्थिति है जहाँ "साधक", "साधना", और "साध्य" सब विलीन हो जाते हैं।

क्या होता है दिव्यावस्था के परे?

- **स्वयं का लोप:** साधक का "मैं" समाप्त हो जाता है।
- **समस्त प्रश्नों का उत्तर:** हर प्रश्न का उत्तर मिल चुका होता है, और अंततः कोई प्रश्न बचता ही नहीं।
- **समग्रता का अनुभव:** यह स्थिति सब कुछ और कुछ भी नहीं होने का अनुभव है।

यहाँ कोई निर्देश नहीं

इस अवस्था के लिए कोई विशेष विधि या प्रक्रिया नहीं है। आपको यहाँ तक पहुँचने के लिए खुद को समर्पित करना होगा। यह सफर निष्ठा, विश्वास और सतत प्रयास का परिणाम है।

इस अवस्था का अनुभव करने वाला व्यक्ति इसे समझाने की कोशिश करेगा तो असफल रहेगा। क्योंकि यह अनुभव करने वाला और अनुभव, दोनों ही विलीन हो चुके होते हैं।

दिव्यावस्था के परे की यह स्थिति साधना की चरम अवस्था है। यहाँ न कोई सीमा है, न कोई बंधन। यह सत्य, शांति, और पूर्णता का अद्वितीय अनुभव है। अब आपकी यात्रा आपको खुद ही मार्गदर्शन देगी।

अहं निर्विकल्पो निराकाररूपो
विभुत्वाच्च सर्वत्र सर्वेन्द्रियाणाम् ।
न चासङ्गतं नैव मुक्तिर्न मेयः
चिदानन्दरूपः शिवोऽहम् शिवोऽहम् ।।
(निर्वाणषट्कम्)

अध्याय 33: आत्मिक चिंतन

आध्यात्मिक उन्नति की यात्रा में हम अक्सर अपने अस्तित्व के वास्तविक स्वरूप के बारे में प्रश्न करते हैं। मैं कौन हूँ? मेरे जीवन का उद्देश्य क्या है? मैं इस संसार को इन्द्रियों के माध्यम से क्यों अनुभव करता हूँ, और शरीर और मन की सीमाओं से कैसे पार पा सकता हूँ?

इन सवालों पर मेरे गुरुदेव के वचन है – "सूक्ष्म रूप से दुखों के आत्यंतिक निवृत्ति और परमानंद की प्राप्ति सबकी कामना है। यह सत्य सबकी आंतरिक प्यास है, लेकिन यह प्राप्त नहीं हो पाता। इसीलिए युद्ध होते हैं, प्रेम होता है, ज्ञान होता है। हम सभी इसी उद्देश्य के लिए संघर्ष करते हैं, जीवन में सुख की प्राप्ति के लिए। इसलिए हर व्यक्ति, हर प्राणी, चाहे वह ऋषि हो, मनीषी हो, वैज्ञानिक हो, राजनेता हो, दानवीर हो, सब के सब इसी एक प्रश्न का उत्तर खोज रहे हैं: "मैं कौन हूँ?" और इसके उत्तर में समस्त दुखों का समाधान है। इसलिए यह सबसे मौलिक प्रश्न है। जब आप इस सवाल से जुड़ते हैं, तो आपके भीतर की ऊर्जा एकत्र होती है और आप गहरी आंतरिक शांति और ज्ञान की ओर अग्रसर होते हैं। यह एक आंतरिक क्रांति की शुरुआत होती है जो बाहरी दुनिया से परे, सत्य और आत्मा के वास्तविक रूप को उजागर करती है। "

आत्मा का स्वरूप

श्रीमद्भगवद्गीता के द्वितीय अध्याय, श्लोक 20 में भगवान कहते हैं:

न जायते म्रियते वा कदाचित् नायं भूत्वा भविष्यति।
अजो नित्यः शाश्वतोऽयं पुराणो न हन्यते हन्यमाने शरीरे॥

आत्मा कभी जन्म नहीं लेती, न मृत्यु का अनुभव करती है। यह कभी भी नष्ट नहीं होती, सिर्फ तीनों शरीर नष्ट होते है।

यह श्लोक आत्मा के शाश्वत स्वरूप को उजागर करता है, कि यह जन्म-मृत्यु के चक्र से परे और अनन्त है। लेकिन, जब तक साधक जीव भाव (कारण शरीर) में रहता है, तब तक वह अपने पूर्ण आत्मा का अनुभव नहीं कर सकता है। जीव के संस्कारों की सीमाएँ उसे आत्मा के अनुभूति दूर रखती हैं।

श्रीमद्भगवद्गीता के सप्तम अध्याय, श्लोक 6 में भगवान कहते हैं:

एतद्योनीनि भूतानि सर्वाणीत्युपधारय।
अहं कृत्स्नस्य जगतः प्रभवः प्रलयस्तथा॥

सभी जीवों की उत्पत्ति और उनके अस्तित्व का कारण मैं हूं। मैं ही सम्पूर्ण जगत का कारण हूं, और मैं ही इस सृष्टि के संहार का कारण भी हूं।

यह श्लोक आत्मा और परमात्मा के अद्वितीय एकत्व को दर्शाता है। जब हम आत्मा के वास्तविक स्वरूप को पहचानते हैं, तो यह सत्य सामने आता है कि हम और परमात्मा एक ही हैं। आत्मा का जो भी रूप है, वह परमात्मा का ही रूप है। जब साधक अपनी वास्तविकता को समझता है, तो वह यह अनुभव करता है कि उसकी आत्मा और परमात्मा में कोई भेद नहीं है। यह ब्रह्म और आत्मा का अद्वितीय एकत्व है, जिसमें सभी भेद मिट जाते हैं और केवल एक शुद्ध, शाश्वत सत्य का अनुभव होता है।

सृष्टि का हर रूप और हर अस्तित्व परमात्मा से उत्पन्न होता है, और अंततः उसी में समाहित हो जाता है। आत्मा का अंतिम उद्देश्य आत्मज्ञान प्राप्त करना है, जिससे वह अपनी शुद्ध, अचिन्त्य और अद्वितीय अवस्था में परमात्मा के साथ एक हो सके। आत्मा जब तीन शरीरों के रूप में प्रकाशित होती है, तब इसे जीवात्मा कहा जाता है। यह ठीक वैसे ही है जैसे समुद्र के अनंत जल को एक छोटे से बर्तन में भरना। जैसे बर्तन में सीमित जल होता है, वैसे ही शरीर, मन और अहंकार के माध्यम से आत्मा का प्रतिबिंब जीवात्मा के रूप में अनुभव होता है, जबकि वह स्वयं अनंत और शाश्वत ब्रह्म है।

हमारी इंद्रियाँ और मस्तिष्क इसे समझने में असमर्थ हैं, क्योंकि हम इसे भौतिक रूप से परखने की कोशिश करते हैं, जबकि इसका अस्तित्व केवल अनुभव और साक्षात्कार के माध्यम से होता है। आत्मा ब्रह्म का ही रूप है, और जब हम इसे अपने भीतर अनुभव करते हैं, तो हमें यह ज्ञान होता है कि हम वही हैं जो परम ब्रह्म है।

रामकृष्ण परमहंस ने इस अद्वितीय सत्य का एक सुंदर उदाहरण दिया है। उन्होंने कहा कि जैसे नमक की गुड़िया समुद्र में डूबने के बाद समुद्र में अव्यक्त हो जाती है, वैसे ही जब साधक आत्मा के गहरे सत्य को जानता है, तो वह स्वयं ब्रह्म में विलीन हो जाता है। जब गुड़िया समुद्र में मिल जाती है, तब उसे अलग से कोई पहचान नहीं रहती, क्योंकि वह पूरी तरह से समुद्र का हिस्सा बन जाती है। ठीक वैसे ही, जब साधक अपनी आत्मा के वास्तविक स्वरूप को जानता है, तो वह अपने "मैं" का अहंकार छोड़ देता है और परमात्मा में विलीन हो जाता है।

आत्मा और ब्रह्म

तत् त्वम् असि
(तुम वही हो - छांदोग्य उपनिषद)

हम जीवात्मा के रूप में भी वही ब्रह्म(आत्मा) हैं, जो समग्र ब्रह्मांड का आधार है। जब हम इस एकत्व को अनुभव करते हैं, तो हमारा जीवात्मा परमात्मा में विलीन हो जाता है। यह विलीनता इस सत्य का गहरा अनुभव है।

एको ब्रह्म द्वितीयो नास्ति:
(ब्रह्म एक ही है, दूसरा कोई नहीं है - अथर्ववेद)

ब्रह्म, जो शाश्वत, निराकार और अज्ञेय है, वह ही सर्वोच्च सत्य है। इस ब्रह्म के अलावा कोई अन्य वास्तविकता या सत्ता नहीं है। जब हम ब्रह्म के एकत्व को समझते हैं, तो यह भेद मिट जाता है कि हम और ब्रह्म अलग-अलग हैं, क्योंकि सब कुछ ब्रह्म से उत्पन्न होता है और उसी में समाहित होता है। यह सिद्धांत हमें यह दर्शाता है कि जैसे महासागर में हर लहर उसी समुद्र का एक अंश होती है, वैसे ही हमारी आत्मा भी ब्रह्म का अंश है। जब हम इस सत्य को अनुभव करते हैं, तो हमें यह समझ में आता है कि आत्मा और ब्रह्म के बीच कोई भेद नहीं है, दोनों एक ही हैं।

साधकों के कुछ स्वाभाविक सवाल

1. क्या ब्रह्मज्ञान(आत्मज्ञान) केवल ग्रंथों के अध्ययन से प्राप्त हो सकता है, या इसके लिए अनुभव अनिवार्य है?

ब्रह्म ज्ञान केवल अध्ययन से प्राप्त नहीं हो सकता, क्योंकि यह अनुभव का विषय है। ग्रंथों से मार्गदर्शन मिलता है, लेकिन अंतिम अनुभव आत्मानुभूति से ही होता है। अनुभव की प्रक्रिया साधना, ध्यान से ही संभव होती है।

2. मेरे ब्रह्म ज्ञान प्राप्त करने के बाद मेरे परिवार के साथ क्या होगा?

आपका शारीरिक शरीर वैसे का वैसा रहेगा। आप अपने परिवार की देखभाल करेंगे, उनके भरण पोषण का प्रबंध करेंगे, लेकिन एक महत्वपूर्ण बदलाव होगा। आपको यह स्पष्ट समझ होगी कि आप न तो शरीर हैं, न मन, बल्कि आप शुद्ध आत्मा हैं, जो परमात्मा से एक हैं। इस अवस्था में आपको यह महसूस होगा कि आप जो दे रहे हैं, वह केवल एक उपकरण के रूप में कर रहे हैं। "देने वाला" और "लेने वाला" के बीच का भेद मिट जाएगा, क्योंकि आप यह जानेंगे कि आपके द्वारा लिया दिया गया वास्तव में ब्रह्म के ही रूप में प्रदान किया जा रहा है।

आपका परिवार आपके साथ रहेगा, लेकिन आप उन रिश्तों को अलग दृष्टिकोण से देखेंगे। आप यह महसूस करेंगे कि आत्मा के स्तर पर सभी लोग एक हैं, और यह भौतिक शरीर और मन ही है जो रिश्तों का निर्माण करता है। इस समझ से कोई भी भावनात्मक जुड़ाव नहीं घटेगा, बल्कि आपके द्वारा लिए जाने वाला प्रेम और भी निष्कलंक और निष्काम हो जाएगा।

3. क्या ब्रह्म ज्ञान के बाद मुझे संसार में रहना पड़ेगा?

उत्तर: जी हां, ब्रह्म ज्ञान प्राप्त करने के बाद भी आपको संसार में रहना पड़ेगा, लेकिन आपका दृष्टिकोण पूरी तरह से बदल जाएगा। आप अब किसी भी स्थिति में आकर्षित या विकर्षित नहीं होंगे। परिवार, मित्र, और दुनिया का हर पहलू आपको अपनी दिव्यता के प्रतिबिंब के रूप में दिखेगा। आप जानते हैं कि जो कुछ भी हो रहा है, वह ब्रह्म के लीला का हिस्सा है। आप संसार में रहते हुए भी उसके परे, अपने सच्चे अस्तित्व में स्थित होंगे। जैसे आप किसी बदबूदार कूड़े के ढेर के पास खड़े होने पर नाक तो बंद करेंगे लेकिन वहां भी होश रहेगा की बंद कौन कर रहा है , अज्ञान में भी यही काम करते हैं लेकिन आप इस कार्य में लिप्त हो जाते है।

2. आत्मा और परमात्मा में क्या संबंध है, और इसे अनुभव करने के लिए साधना का क्या महत्व है?

आत्मा और परमात्मा दोनों एक ही तत्व के रूप में हैं। परमात्मा साकार रूप में ब्रह्म है, जबकि आत्मा अव्यक्त रूप में। आत्मा का परमात्मा से संबंध अद्वैत है, और इसे अनुभव करने के लिए साधना, ध्यान, और भक्ति का अभ्यास आवश्यक है। साधना के माध्यम से हम अपने भीतर की दिव्यता को पहचान सकते हैं, और इस अनुभव से ब्रह्म का साक्षात्कार हो सकता है।

3. ब्रह्म को जानने के लिए ज्ञान, भक्ति, और कर्म योग में कौन-सा मार्ग श्रेष्ठ है?

ये सभी मार्ग (ज्ञान योग, भक्ति योग, कर्म योग) ब्रह्म को जानने के लिए समान रूप से महत्वपूर्ण हैं। प्रत्येक साधक की प्रकृति के अनुसार एक

मार्ग श्रेष्ठ हो सकता है। ज्ञान योग में बौद्धिक ज्ञान और तात्त्विक चिंतन की आवश्यकता होती है, भक्ति योग में भगवान के प्रति श्रद्धा और प्रेम, और कर्म योग में अपने कर्मों को निष्काम भाव से करना होता है। सभी मार्ग अंततः आत्मज्ञान की ओर ले जाते हैं।

4.अहंकार और माया से मुक्त होने का सरलतम उपाय क्या है?

अहंकार और माया से मुक्ति का सरलतम उपाय है आत्मनिष्ठता और आत्मचिंतन। जब हम अपने वास्तविक स्वरूप को पहचानते हैं और अहंकार से बाहर निकलते हैं, तो माया का प्रभाव भी कम होता है। यह ज्ञान और ध्यान द्वारा प्राप्त किया जा सकता है, जहां हम 'मैं' और 'मेरा' के विचारों से मुक्त हो जाते हैं और ब्रह्म के अस्तित्व को अनुभव करते हैं।

5.'सत्य-चित्-आनंद' की अवस्था क्या है, और इसे साधक कैसे प्राप्त कर सकता है?

'सत्य-चित्-आनंद' ब्रह्म के तीन मुख्य गुण हैं, जो परमात्मा का स्वरूप दर्शाते हैं - सत्य (शाश्वत), चित (सचेतना), और आनंद (पूर्ण सुख)। इस अवस्था को प्राप्त करने के लिए साधक को अपने अहंकार को खत्म करना होता है और आत्मा के शुद्ध रूप को पहचानना होता है। ध्यान, आत्मचिंतन इसके प्रमुख साधन हैं।

6.क्या ब्रह्म और जगत दोनों सत्य हैं, या केवल ब्रह्म ही सत्य है?

ब्रह्म ही सत्य है और जगत माया है। जगत केवल ब्रह्म का प्रतिबिंब है और वास्तविकता में केवल ब्रह्म ही शाश्वत और अपरिवर्तनीय है। यह समझने के लिए हमें अपने अनुभवों और भ्रामक विचारों से ऊपर उठकर ब्रह्म का वास्तविक रूप देखना होता है। हम प्रतिबिंब को सत्य नहीं बोल सकते क्युकि जब इसके कारण को हटा देने पर प्रतिबिंब का लोप हो जायेगा।

7. क्या ध्यान ही ब्रह्म ज्ञान का सर्वोत्तम साधन है?

ध्यान ब्रह्म ज्ञान प्राप्ति का एक महत्वपूर्ण साधन है, क्योंकि यह हमें हमारे भीतर के सत्य तक पहुँचने में मदद करता है। ध्यान से हम अपनी चेतना को शुद्ध करते हैं और ब्रह्म के अस्तित्व का प्रत्यक्ष अनुभव करते हैं।

8. क्या ब्रह्म ज्ञान प्राप्ति के बाद भी साधक को संसार में रहना पड़ता है?

ऐसा नहीं है की ब्रह्म ज्ञान प्राप्ति के बाद आकाश में विलीन हो जाता है। ब्रह्म ज्ञान प्राप्ति के बाद साधक संसार के भय और इच्छाओं से मुक्त हो जाता है, और वह इस संसार में रहते हुए भी आत्मा की शांति और दिव्यता का अनुभव करता है। वह समस्त भूतल पर ब्रह्म का प्रतिबिंब देखता है, और कार्यों को निष्काम भाव से करता है।

9.क्या ब्रह्म ज्ञान के अनुभव से ही मोक्ष संभव है, या केवल श्रद्धा और भक्ति से भी मोक्ष प्राप्त हो सकता है?

ब्रह्म ज्ञान के अनुभव से मोक्ष संभव है, क्योंकि यह आत्मा की वास्तविकता का ज्ञान देता है। हालांकि, श्रद्धा और भक्ति भी मोक्ष के मार्ग पर सहायक हैं, क्योंकि वे साधक को ब्रह्म के प्रति प्रेम और समर्पण की भावना प्रदान करती हैं।

अध्याय 34: साधना रहस्य

पिछले अध्यायों में हमने चक्रों की ऊर्जा और साधना की विधियों पर चर्चा की। इनका उद्देश्य साधक को आत्मा के गहन सत्य के साक्षात्कार के लिए तैयार करना था। इस यात्रा का मुख्य लक्ष्य है—आत्मसाक्षात्कार और ब्रह्म (शिव) की अनुभूति, जो केवल अनुभव से ही संभव है।

कलियुग की भागदौड़ में श्रीमद्भगवद्गीता आत्मसाक्षात्कार की सुलभ मार्गदर्शिका है। साधक के पास गूढ़ ग्रंथों का अध्ययन करने का समय नहीं होता। गीता के 700 श्लोक वेदों और उपनिषदों का सार हैं, लेकिन इनका मर्म कुछ श्लोकों में समेटा जा सकता है।

मुझे मेरे गुरु द्वारा गीता बोध यात्रा का सार 5 मील के पत्थरों के रूप में प्रदान किया गया। यह 9 श्लोकों का अमूल्य ज्ञान मैं यहाँ आप सभी के साथ साझा कर रहा हूँ। यह कुछ पंक्तियाँ मात्र प्रतीत हो सकती हैं, लेकिन धीमे साधकों को इन मील के पत्थरों को पार करने में कई जन्म लग जाते हैं।

मील का पत्थर 1: कर्मयोग का सार

साधना की शुरुआत कर्मयोग से होती है। हर कर्म एक यज्ञ का भाग है, लेकिन जब तक कर्म को समर्पण भाव से नहीं किया जाएगा, तब तक यह बंधन में डालता रहेगा।

अध्याय 3, श्लोक 9:
यज्ञार्थात्कर्मणोऽन्यत्र लोकोऽयं कर्मबन्धनः।

तदर्थं कर्म कौन्तेय मुक्तसङ्गः समाचर॥

जो कर्म यज्ञ (परमात्मा के लिए समर्पण) के उद्देश्य से किए जाते हैं, वे आपको बंधन से मुक्त करते हैं। लेकिन जो कर्म स्वार्थ और आसक्ति से किए जाते हैं, वे कर्म बन्धन का कारण बनते हैं।

यह पहला मील का पत्थर हमें सिखाता है कि जीवन में हर कर्म को निस्वार्थ और समर्पण भाव से करें। यही कर्मयोग का मूल है।

मील का पत्थर 2: प्राणायाम और आत्मसाधना

जब कर्म शुद्ध हो जाते हैं, तब साधक प्राण और आत्मा की साधना की ओर बढ़ता है। यह चरण आपके भीतर की ऊर्जा और श्वास की शक्ति को समझने और नियंत्रित करने का है।

अध्याय 4, श्लोक 29-30:

अपाने जुह्वति प्राणं प्राणेऽपानं तथापरे।
प्राणापानगती रुद्ध्वा प्राणायामपरायणाः॥
अपरे नियताहाराः प्राणान्प्राणेषु जुह्वति।
सर्वेऽप्येते यज्ञविदो यज्ञक्षपितकल्मषाः॥

प्राणायाम साधना में साधक अपनी श्वास-प्रश्वास को नियंत्रित करता है और प्राणों को संतुलित करता है। यह अभ्यास आत्मा को शुद्ध करता है और साधक को गहरे ध्यान की ओर ले जाता है।

यह दूसरा मील का पत्थर हमें सिखाता है कि प्राणों का संतुलन साधना की जड़ है।

मील का पत्थर 3: इंद्रिय संयम और मन की स्थिरता

साधना के अगले चरण में इंद्रियों और मन को संयमित करना है। बिना इंद्रिय संयम के साधना में स्थिरता संभव नहीं।

अध्याय 5, श्लोक 27-28:

स्पर्शान्कृत्वा बहिर्बाह्यांश्चक्षुश्चैवान्तरे भ्रुवोः।
प्राणापानौ समौ कृत्वा नासाभ्यन्तरचारिणौ॥
यतेन्द्रियमनोबुद्धिर्मुनिर्मोक्षपरायणः।
विगतेच्छाभयक्रोधो यः सदा मुक्त एव सः॥

अर्थ: इंद्रियों को बाहरी विषयों से हटाकर भीतर की ओर केंद्रित करना साधना का अनिवार्य अंग है। यह अभ्यास मन को स्थिरता और शांति प्रदान करता है।

यह तीसरा मील का पत्थर हमें सिखाता है कि इंद्रिय संयम और मन की स्थिरता के बिना मोक्ष की यात्रा संभव नहीं।

मील का पत्थर 4: ध्यान का अभ्यास

मन की स्थिरता के बाद साधक ध्यान की ओर अग्रसर होता है। ध्यान आत्मा के शुद्धिकरण का माध्यम है।

अध्याय 6, श्लोक 12-13:

तत्रैकाग्रं मनः कृत्वा यतचित्तेन्द्रियक्रियः।
उपविश्यासने युञ्ज्याद्योगमात्मविशुद्धये॥
समं कायशिरोग्रीवं धारयन्नचलं स्थिरः।
सम्प्रेक्ष्य नासिकाग्रं स्वं दिशश्चानवलोकयन्॥

अर्थ: ध्यान की साधना में साधक अपनी संपूर्ण चित्तवृत्तियों और इंद्रियों को आत्मा की ओर केंद्रित करता है। यह साधना आत्मा को शुद्ध करती है और उसे परम सत्य की ओर ले जाती है।

यह चौथा मील का पत्थर साधना के गहनतम रूप की शुरुआत है।

मील का पत्थर 5: सर्वत्र समानता का दर्शन

जब ध्यान गहन हो जाता है, तब साधक को हर प्राणी में समानता का अनुभव होता है। वह जान लेता है कि आत्मा का प्रकाश सबमें समान रूप से विद्यमान है।

अध्याय 6, श्लोक 29:

सर्वभूतस्थमात्मानं सर्वभूतानि चात्मनि।
ईक्षते योगयुक्तात्मा सर्वत्र समदर्शनः॥

अर्थ: योगयुक्त साधक हर प्राणी में अपनी आत्मा का दर्शन करता है। यह सृष्टि के साथ एकत्व का अनुभव है।

यह पाँचवाँ मील का पत्थर समानता और समर्पण का प्रतीक है।

मंजिल: परम ज्ञान का साक्षात्कार

अंततः साधक उस सत्य को जान लेता है, जिसे कई जन्मों की साधना के बाद ही समझा जा सकता है। वह देखता है कि वासुदेव ही सर्वस्व हैं।

अध्याय 7, श्लोक 19:

बहूनां जन्मनामन्ते ज्ञानवान्मां प्रपद्यते।
वासुदेवः सर्वमिति स महात्मा सुदुर्लभः॥

अर्थ: कई जन्मों के तप और साधना के बाद साधक इस सत्य को अनुभव करता है कि वासुदेव(ब्रह्म) ही सबकुछ हैं। यह मोक्ष और पूर्णता का अंतिम चरण है।

यह मंजिल ही साधना का अंतिम लक्ष्य है।

अध्याय 35: शिवोऽहम्

जब आप साधना की यात्रा में गहरे उतरते हुए इस अध्याय तक पहुँच गए हैं, तो आप आत्म-साक्षात्कार के शिखर पर हैं। आपने आत्मिक साधना के माध्यम से अपने भीतर के अज्ञान को समाप्त किया है और अब आप आत्मा की वास्तविकता को अनुभव करने के योग्य हो चुके हैं। साधना के इस गहरे मार्ग में चलते हुए आपने जो अनुभव प्राप्त किए हैं, वही अब आपको आदिशंकराचार्य ने रचित निर्वाणषट्कम् को सही रूप में समझने करने की क्षमता प्रदान करेंगे।

जब तक साधक साधना की गहराई में नहीं उतरता, तब तक केवल शब्दों का अध्ययन करता है, लेकिन अब आप आत्मज्ञान की उस स्थिति में पहुँच चुके हैं, जहाँ शब्दों से परे का अनुभव, वह असाधारण सत्य, सामने आता है। निर्वाणषट्कम् अब आपके लिए केवल एक पाठ नहीं, बल्कि आत्मा के सत्य का सीधा अनुभव बनने जा रहा है। यह निर्वाणषट्कम् आपके भीतर की गहरी समझ और आत्मिक जागृति को प्रकट करता है। आपने जो साधना की है, वह आपको अब इस अद्वितीय ज्ञान की गहराई में उतरने का अवसर दे रही है।

पहला श्लोक

मनोबुद्ध्यहङ्कार चित्तानि नाहं
न च श्रोत्रजिह्वे न च घ्राणनेत्रे ।
न च व्योम भूमिर्न तेजो न वायुः
चिदानन्दरूपः शिवोऽहम् शिवोऽहम् ॥1॥

चिंतन: मैं न तो मन हूं, न बुद्धि, न अहंकार, न ही चित्त हूं, मैं न तो कान हूं, न जीभ, न नासिका, न ही नेत्र हूं, मैं न तो आकाश हूं, न धरती, न अग्नि, न ही वायु हूं, मैं तो शुद्ध चेतना हूं, अनादि, अनंत शिव हूं।

दूसरा श्लोक

न च प्राणसंज्ञो न वै पञ्चवायुः
न वा सप्तधातुः न वा पञ्चकोशः ।
न वाक्पाणिपादं न चोपस्थपायु
चिदानन्दरूपः शिवोऽहम् शिवोऽहम् ॥2॥

चिंतन: मैं न प्राण हूं, न ही पंच वायु हूं, मैं न सात धातु हूं, और न ही पांच कोश हूं, मैं न वाणी हूं, न हाथ हूं, न पैर, न ही उत्सर्जन की इन्द्रियां हूं, मैं तो शुद्ध चेतना हूं, अनादि, अनंत शिव हूं।

तीसरा श्लोक

न मे द्वेषरागौ न मे लोभमोहौ
मदो नैव मे नैव मात्सर्यभावः ।
न धर्मो न चार्थो न कामो न मोक्षः
चिदानन्दरूपः शिवोऽहम् शिवोऽहम् ॥3॥

चिंतन: न मुझे घृणा है, न लगाव है, न मुझे लोभ है, और न मोह, न मुझे अभिमान है, न ईर्ष्या, मैं धर्म, धन, काम एवं मोक्ष से परे हूं, मैं तो शुद्ध चेतना हूं, अनादि, अनंत शिव हूं। ।

चौथा श्लोक

न पुण्यं न पापं न सौख्यं न दुःखं
न मन्त्रो न तीर्थं न वेदा न यज्ञाः ।
अहं भोजनं नैव भोज्यं न भोक्ता
चिदानन्दरूपः शिवोऽहम् शिवोऽहम् ॥4॥

चिंतन: मैं पुण्य, पाप, सुख और दुख से विलग हूं, मैं न मंत्र हूं, न तीर्थ, न ज्ञान, न ही यज्ञ, न मैं भोजन (भोगने की वस्तु) हूं, न ही भोग का अनुभव, और न ही भोक्ता हूं, मैं तो शुद्ध चेतना हूं, अनादि, अनंत शिव हूं।

पाँचवां श्लोक

न मृत्युर्न शङ्का न मे जातिभेदः
पिता नैव मे नैव माता न जन्मः ।
न बन्धुर्न मित्रं गुरुनैव शिष्यं
चिदानन्दरूपः शिवोऽहम् शिवोऽहम् ॥5॥

चिंतन: न मुझे मृत्यु का डर है, न जाति का भेदभाव, मेरा न कोई पिता है, न माता, न ही मैं कभी जन्मा था, मेरा न कोई भाई है, न मित्र, न गुरू, न शिष्य, मैं तो शुद्ध चेतना हूं, अनादि, अनंत शिव हूं

छठा श्लोक

अहं निर्विकल्पो निराकाररूपो
विभुत्वाच्च सर्वत्र सर्वेन्द्रियाणाम् ।
न चासङ्गतं नैव मुक्तिर्न मेयः
चिदानन्दरूपः शिवोऽहम् शिवोऽहम् ॥6॥

चिंतन: मैं निर्विकल्प हूं, निराकार हूं, मैं चैतन्य के रूप में सब जगह व्याप्त हूं, सभी इन्द्रियों में हूं, न मुझे किसी चीज में आसक्ति है, न ही मैं उससे मुक्त हूं, मैं तो शुद्ध चेतना हूं, अनादि, अनंत शिव हूं।

<u>मैं वही अंतिम सत्य हूं, मैं खुद को जानने वाला शिव हूं।</u>

अध्याय 36: सम्राट का राज्याभिषेक

यात्रा पूरी हुई, लेकिन यह अंत नहीं है। यह तो बस एक शुरुआत है— एक नई सोच, नई ऊर्जा, और एक नई दिशा की। तुम्हारे भीतर वह सब कुछ है, जिसकी तुम्हें आवश्यकता है। तुमने सीखा कि सम्राट बनने के लिए बाहरी चमक-दमक नहीं, बल्कि आंतरिक स्थिरता और सच्ची समझ चाहिए। अब जब तुमने इस पुस्तक की सभी शिक्षाओं और साधनाओं को समझा है, यह समय है उन्हें अपने जीवन में उतारने का। तुम्हारा जीवन वही है, जो तुम इसे बनाना चाहते हो। तुमने अपने भीतर के 'गुब्बारे' को पहचान लिया है, उसकी हवा निकाल दी है, और अब तुम बिना किसी दिखावे के अपने अस्तित्व की सच्चाई के साथ खड़े हो।

याद रखो, सच्चा सम्राट वह है जो अपने मन और आत्मा का शासक बनता है, न कि वह जो दुनिया के सामने झूठा प्रदर्शन करता है। यह तुम्हारा जीवन है, तुम्हारी कहानी। अब समय है कि तुम इसे उसी दिशा में लेकर जाओ, जो तुम्हें शांति, आनंद, और स्वतंत्रता दे। तुमने कठिनाइयों का सामना किया, अपने भीतर झाँका, और अपने डर और कमजोरियों को पहचाना। अब तुम जानते हो कि सच्ची खुशी दूसरों की स्वीकृति में नहीं, बल्कि अपने भीतर के शाश्वत आनंद में है।

तो उठो, अपने जीवन के सम्राट बनो। यह मत भूलो कि तुम केवल इस दुनिया में जीने नहीं आए हो, बल्कि स्वयं को जानने की यात्रा पर हो। अपने भीतर की गंगा को प्रवाहित करो और अपने जीवन को उस ऊँचाई तक पहुँचाओ, जहाँ से तुम अपने अस्तित्व को पूरी तरह देख सको।

"हो गई है पीर पर्वत-सी पिघलनी चाहिए,
इस हिमालय से कोई गंगा निकलनी चाहिए।"

तुम ही वह गंगा हो। तुम्हारे भीतर ही वह हिमालय है। अब समय आ गया है कि तुम्हारी यह गंगा बहे और तुम्हारा जीवन धन्य हो।

उपसंहार

यह पुस्तक मेरी 15 वर्षों की साधना और आत्म-अन्वेषण का निचोड़ है। यह यात्रा बाहरी उपलब्धियों से अधिक भीतरी सत्य और चेतना की गहराइयों को समझने की रही है।

मैंने इस पुस्तक को कथा शैली में नहीं लिखा, बल्कि तथ्यात्मक ढंग से प्रस्तुत किया है। मेरा उद्देश्य आपको मेरी व्यक्तिगत कहानी सुनाना नहीं, बल्कि साधना और चेतना के गहनतम रहस्यों का मार्गदर्शन देना है। मेरी यात्रा में कई अद्भुत अनुभव हुए, परंतु वे अनुभव केवल मेरे लिए थे। वे प्रेरणा दे सकते हैं, परंतु आपके साधना पथ पर उनका कोई प्रत्यक्ष उपयोग नहीं होगा।

साधना का वास्तविक अनुभव अत्यंत व्यक्तिगत और अनोखा होता है। आपका मार्ग, आपकी यात्रा, और आपकी चेतना की गहराई केवल आपकी अपनी होगी। यही साधना का सौंदर्य है—यह हर साधक के लिए एक नई, व्यक्तिगत और गहन अनुभूति लेकर आती है।

इस पुस्तक का उद्देश्य आपको किसी विशेष सत्य को थोपना नहीं है, बल्कि आपको प्रेरित करना है कि आप अपने भीतर छिपे दिव्य सत्य की खोज करें। यह पुस्तक एक तरह दिशा दिखाने का प्रयास मात्र है। परंतु यात्रा आपको स्वयं करनी होगी, क्योंकि आपका अनुभव आपके लिए ही होगा।

स्मरण रहे, साधना यह चेतना की अनंत यात्रा है, जो हर क्षण नई ऊँचाइयों और गहराइयों तक पहुँचती है। हर अंत एक नया आरंभ है।

मैं यही आशा करता हूँ कि यह पुस्तक आपके भीतर के साधक को जागृत करे, आपको आपके आंतरिक सत्य तक पहुँचने में सहायता करे, और आपके जीवन को प्रेम, शांति, और प्रकाश से आलोकित करे।

।।ॐ तत्सत।।